개정판

눈 떠보니
메타버스 마스터

메타버스 플랫폼(이프랜드, 제페토, 게더타운) 활용 가이드

최재용 · 진성민 지음

光文閣
www.kwangmoonkag.co.kr

| 머리말 |

불과 얼마 전만 해도 우리는 SF 영화를 넋 놓고 보면서 '이게 영화가 아니라 현실이면 얼마나 좋을까?'라는 생각을 한 번쯤 해본 경험이 있을 것이다. 아니 그런 영화를 볼 때마다 이런 생각을 가지신 분도 많을 것이다.

그렇다면 '메타버스'라는 말은 들어봤는가? 본문을 통해서도 설명이 되겠지만, 메타버스란 메타(Meta)라는 가상 · 초월의 의미와 유니버스(Universe)라는 현실 세계를 의미하는 단어의 합성어이다. 즉 현실 세계와 같이 사회 · 경제 · 문화 활동이 이 가상의 공간에서 이뤄지며 우리의 삶을 더 편리하고 안전하며 이곳에서 경제 활동까지 가능케 하는 마치 우리가 꿈꿔 왔던 SF 영화와 같은 가상세계이다.

그러나 SF 영화는 꿈과 같은 영화에 그치지만 메타버스는 꿈이나 영화가 아닌 우리의 현실 세계와 함께 공존하면서 인간의 삶을 돕는 3차원의 가상세계이다. 현실에서 꿈은 꿈에 지나지 않지만 메타버스 세상에서는 나의 꿈도 현실이 될 수 있는 무한 가능성의 세계이다.

최근 메타버스는 교육, 경제, 금융, 엔터테인먼트, 정치, 지자체 등 다양한 분야에서 가장 핫한 키워드로 자리매김하고 있다. 아니 이미 자리매김했다고 해도 과언이 아닐 정도로 이미 대학, 기업, 의료 분야, 경제, 정치, 지자체 등 다양한 곳에서 메타버스 세상을 통해 여러 가지 일들을 처리하고 있다.

10대 혹은 MZ 세대들의 전유물처럼 여겼던 게임을 시작으로 우리나라 5G와 통신 기술의 발달과 4차 산업혁명의 영향력에 힘입어 메타버스는 더욱더 그 가치를 인정받으며

나날이 발전하고 있다. 메타버스의 개념은 '초현실 가상세계'이다. 그러나 사례와 기능들을 접하다 보면 메타버스는 가상이 아닌 현실에서 그 필요성을 더 실감하게 될 것이다.

코로나19로 대부분의 업무는 비대면으로 재택근무가 실시되면서 이제 직장의 개념도 이른 아침 출근 시간에 쫓기면서 달려와 업무를 보는 형태에서 편안히 내 집안에서 PC와 스마트폰 하나면 얼마든지 그날의 일을 마무리할 수 있는 것으로 바뀌고 있다. 출장도 이제는 기차나 비행기를 타고 달려가 일처리를 하는 것이 아니라 이제 내 집안에서 편안히 메타버스 플랫폼 안에서 상대와 얼굴을 마주하며 대화하고 출장 업무를 마칠 수 있다.

따라서 직방처럼 일터가 건물이 아닌 메타버스로 전환되면서 시간과 비용 절약은 물론 업무 형태 변화, 직업의 전환, 나아가 환경 보호에 이르기까지 다양한 분야에서 메타버스의 활약이 눈부시다. 아마도 메타버스의 출현으로 기업에서는 직원 채용의 형태에도 큰 변화의 바람이 예고될 것이다.

이제 메타버스 세상 안에서는 코로나19보다 더 강한 그 어떤 바이러스가 전 세계를 강타한다고 해도 전혀 두려울 것이 없다. 메타버스는 가상세계이기 때문이다. 오히려 대 참사가 발생할수록 사람들은 가상세계에 몰려들 것이고, 사람들이 많이 몰려올수록 그 가상세계 플랫폼은 엄청난 수익을 매달 쌓게 될 것이다.

구글 메타버스 트렌드 분석에서도 2021년에 들어 메타버스 키워드 검색이 매우 가파르게 상승했음을 알 수 있다. 이는 SNS가 단방향 소통이라면 메타버스는 양방향 실시간 소통이 가능한 플랫폼이라는 장점이 있어 유저들을 메타버스 세상 속에 오랜 시간 머물게 하고 있다.

또한 메타버스 세상 속에서는 놀이뿐만 아니라 경제 활동이 가능하다. 1인 크리에이터 개념으로 메타버스 플랫폼 속에서 활용되는 다양한 아이템을 직접 창작하는 창작자로서 활발한 경제 활동을 펼치고 있다.

국내에서는 이프랜드(ifland), 네이버 제페토(ZEPETO), 게더타운(Gather.town) 등이 주로 활용되고 있다.

SK텔레콤이 2021년 7월 14일에 출시한 이프랜드는 누구나 쉽고 간편하게 메타버스 세상을 즐길 수 있다. 그만큼 사용이 간편하며 다른 플랫폼과 달리 모든 아바타의 의상도 무료로 이용할 수 있어 사용자의 경제적 부담을 크게 줄여 주고 있다. 주로 포럼, 강연, 페스티벌, 콘서트, 팬 미팅 등 많은 사람이 참여하는 행사 개최를 이곳에서 활용하고 있으며 다양한 곳에서 아바타의 모습으로 참여하면서 즐기고 있다.

제페토는 3D 아바타를 기반으로 한 소셜네트워크 서비스(SNS)로 캐릭터의 외모를 내 마음대로 만들고 의상 아이템도 꾸밀 수 있다. 그리고 가장 큰 매력은 월드와 내가 직접 크리에이터로서 아이템을 만들어 판매해 수익을 낼 수 있고 가상공간도 직접 만들 수 있다는 점일 것이다. 지난 2020년 4월 오픈한 제페토스튜디오는 누적 가입자 수 70만 명, 누적 아이템 200만 개, 크리에이터 아이템 판매 개수 2,500만 개에 이르면서 월 1,000만 원 이상의 소득이 발생하고 있다.

게더타운은 클라우드 기반으로 실제처럼 가상공간에서 만나 대화도 하고 업무를 편하게 할 수 있도록 지원해 주는 온라인 플랫폼으로 모든 만남이 가능한 공간으로 기업, 지자체 등 가장 활용도의 범위가 큰 플랫폼이다.

게더타운에서는 캐릭터의 모습으로 움직이지만, 화면을 통해 자유로운 대화가 가능하고 다양한 오브젝트 이용과 새로운 맵 제작이 가능해 학교, 기업, 지자체, 협회나 단체 등에서 맵 제작에 대한 의뢰가 가장 많은 플랫폼이다. 즉 게더타운은 자신이 원하는 대로 환경을 만들 수 있다는 장점이 있어 대학 축제, 기업, 전시회 등에서 자유롭게 활용되고 있다.

메타버스 세상에서는 아바타들이 입는 옷, 액세서리, 신발, 가방 등 아이템만 만들어 올려도 내게 수입이 들어온다. 이렇게 메타버스 세상에 대해 젊은 층을 중심으로 열기가 더해지자 유명 명품 브랜드, 기업, 자동차 제조사 등 심지어 금융계까지 줄지어 메타버스에 탑승을 했다.

한편 메타버스의 주 이용층이 MZ세대임을 고려해 볼 때 통계청 2020년 12월 30일 기준 대한민국 인구 비율에 따르면 MZ 세대는 전체 인구의 43.9%이다. 즉 10명 중 4명이 MZ 세대이다. 그러나 앞으로 5년 후 주 소비층은 바로 MZ 세대가 될 것이고, 이들은 경제의 주축으로 성장해 이들이 바로 막강한 소비 세대가 될 것임을 기억해야 한다.

정부도 2021년 7월에 발표한 '한국판 뉴딜 2.0'에서 메타버스 관련해 2.6조 원을 투자하기로 했다. 이는 메타버스 · 클라우드 · 블록체인 등 초연결 신산업을 육성해 개방형 메타버스 플랫폼 개발 및 데이터 구축을 지원한다는 내용이다.

메타버스는 사회 전반에 걸쳐 다양한 용도와 목적으로 사용되고 있으며, 우리나라뿐만 아니라 전 세계 속에서 국가 차원의 전폭적인 지원과 연구가 활발히 진행되고 있다. 그만큼 인간의 삶 속에 메타버스의 활약에 대한 기대와 그 가치가 무궁무진하다는 증거이다.

코로나19 팬데믹으로 모든 대면 활동은 비대면으로 전환됐다. 사회적 거리 두기 방역지침으로 인해 사람을 만나거나 누구를 초대하는 것조차 두려운 시점에서 대면을 고집할 이유가 하나도 없다. 메타버스는 이제 선택이 아닌 필수로 비대면 시대의 돌파구가 됐다.

자! 이 한 권의 책 《메타버스 마스터》는 메타버스의 사례를 시작으로 플랫폼의 활용 방법 등을 쉽게 풀어놓았다. 이 책을 통해 메타버스 세상과 더 가까워져서 나의 꿈을 키우고 경제 활동도 하면서 더 많은 이가 메타버스 매력에 푹 빠져 보기를 바란다.

또한, 이 책을 발행하기까지 수고하신 광문각 박정태 회장님과 임직원 여러분께 진심으로 감사의 말씀을 전한다.

2021년 10월

한국메타버스연구원 원장 **최 재 용**

|목차|

3장   메타버스 플랫폼 활용 제안   317

1

메타버스의 이해와 활용 사례

요즘 초등학생들에게 "어떤 놀이를 하니?"라고 물어보면 대부분 스마트폰 게임을 한다고 말한다. 그중에서 어떤 게임을 좋아하냐고 질문을 하면 10명 중 7명은 '로블록스'를 이야기한다. 월간 이용자 수 1억 6,600만 명에 하루 평균 이용자 수는 약 3,700만 명이 넘을 만큼 인기가 하늘을 찌르고 있다.

올해 3월 뉴욕 증시에 상장까지 한 로블록스는 Z 세대(2000년대 중반 이후 출생 세대)와 알파 세대(2011~2015년 출생 세대)의 대표 문화 공간이 되었다.

로블록스 홈페이지에 들어가면 '상상력 자극하기'란 문구가 눈에 들어온다. 로블록스가 단순한 게임 플랫폼이 아니라는 것을 한마디로 표현하고 있다. 하나의 플랫폼에서 소비자이면서 생산자가 될 수 있는 곳들에 사람들이 몰리고 있는 것이다. 하지만 그것을 일이라 생각하지 않고 모두 놀이라 인식한다.

[그림 1-1] 로블록스 홈페이지 첫 화면
(출처: 로블록스 홈페이지)

그만큼 '메타버스'라는 말이 우리도 모르는 사이 하나의 문화로 들어와 있다.

1) 메타버스란

메타버스는 1992년 닐 스티븐슨(Neal Stephenson)의 소설《스노우 크래쉬》에 처음 등장한 개념이다. 초월을 의미하는 '메타(META)'와 세계와 우주를 의미하는 '유니버스(Univers)' 합성어로 가상 우주 공간에 아바타가 사는 세상이라고 할 수 있다.

[그림 1-2] 메타버스

또한, 가상세계에서 현실 세계와 같은 일상생활 및 사회 문화적인 활동들을 함께 할 수 있게 연결되고 소통할 수 있는 하나의 소셜 플랫폼이라고도 부른다.

2) 메타버스의 활용 사례

메타버스라는 단어가 생소할 수 있지만 우리 일상생활에 알게 모르게 밀접해 있다. 특히 MZ 세대들에게는 메타버스가 그냥 일상이 되어 버렸다. 팬데믹으로 인해 직접 사람을 만나기보다는 이제는 온라인에서 수업을 듣고 대화하는 것이 자연스러워지고 있다.

메타버스는 게임 및 엔터테인먼트 산업에서 가장 활발하게 이용되고 있다. 뒤를 이어 기업들도 메타버스 세상에 발을 들여놓기 시작했다. 우리나라 기업들이 많이 사용하는 플랫폼으로 '이프랜드(ifland), 제페토(ZEPETO), 게더타운(Gather.town)'이 있다. 기업들이 어떻게 메타버스를 활용하고 있는지 하나씩 알아보겠다.

(1) 순천향대학교 입학식 – 이프랜드

'순천향대학교'는 코로나로 인해 입학식을 할 수 없게 되면서 '2021년 신입생 입학식'을 '이프랜드'에서 진행했다. 약 2,500명의 신입생들이 입학식에 참여하였으며, 대학 설명회도 이프랜드를 이용해 진행하고 있다. 이프랜드는 온라인 모임에 특화한 개방형 메타버스 플랫폼이다.

[그림 1-3] 순천향대학교 입학식
(출처: 순천향대학교)

(2) SKT 기자 간담회 - 이프랜드

'SK텔레콤' MNO 사업 대표는 이프랜드에서 '온라인 기자 간담회'를 열어 '이프랜드'의 확장성에 대해 발표했다.

[그림 1-4] SKT 기자 간담회
(출처: ETNEWS 8월 19일자)

(3) 현대자동차 쏘나타 N라인 시승 경험 제공 - 제페토

현대자동차는 메타버스 플랫폼인 '제페토'에서 '쏘나타 N라인 시승 경험'을 제공했다. 제페토는 MZ 세대가 주된 사용자이다. 미래 잠재 고객에게 우수한 디자인과 기술력을 알리고자 인기 맵인 다운타운과 드라이빙 존에서 시승 경험을 제공했다.

[그림 1-5] 제페토에서 쏘나타N
(출처: 현대자동차그룹)

(4) DGB금융그룹 경영 현안회의 실시 – 제페토

DGB금융그룹은 그룹 계열사 CEO 6명이 신기술이 불러올 금융권 변화에 대응하기 위해 '그룹 경영 현안회의'를 '제페토'에서 진행했다.

[그림 1-6] 제페토에서 경영 현안회의 실시 (출처: DGB 그룹)

(5) KB국민은행 신입 행원 연수 개강식 개최 – 게더타운

KB국민은행은 다른 기업들과 다르게 미국 스타트업 '게더'가 만든 '게더타운' 플랫폼을 활용했다. 게더타운은 제페토와 다르게 화상 대화가 가능하다. 이번 '신입 행원 연수 개강식'도 이 플랫폼을 이용했다.

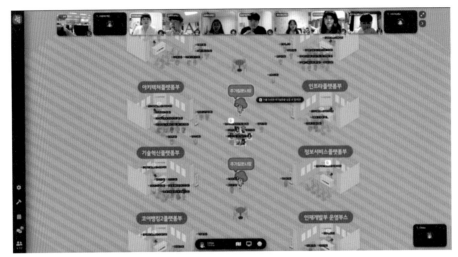

[그림 1-7] KB국민은행 신입 행원 연수 개강식 (출처: Viewers 8월 26일자)

은행 영업점에서는 고객이 직원과 얼굴을 보며 상담을 받아야 한다. 게더타운은 화상 대화가 가능해 비대면으로 특정 상품 판매 및 상담이 가능하다.

(6) 오프라인 출근 없앤 직방 – 게더타운

공인중개 플랫폼 회사인 '직방'은 본사 사무실 운영을 중단하고 오프라인 출근을 없앴다. 대신 줌, 구글 드라이브 등을 비롯해 '게더타운'을 도입해 활용하고 있다.

[그림 1-8] 게더타운을 활용해 근무하는 모습
(출처: BLOTER 2월 9일자)

2

메타버스 플랫폼 활용 가이드

메타버스 플랫폼(이프랜드, 제페토, 게더타운) 활용 가이드

01 이프랜드

1) 이프랜드란?

이프랜드는 2021년 7월 14일 SK텔레콤이 출시한 다양한 가상공간과 아바타를 통해 메타버스를 경험할 수 있는 플랫폼이다. 특징으로는 누구나 쉽고 간편하게 메타버스 세상을 즐길 수 있도록 조작의 간편함과 사용성에 중점을 두었다. 또한, 다른 플랫폼과 달리 모든 아바타의 의상을 무료로 이용할 수 있다.

그럼 지금부터 이프랜드에 대해 하나씩 알아보도록 하겠다.

2) 이프랜드 시작하기

(1) 이프랜드 앱 설치 및 회원 가입하기

모바일에서 이프랜드(ifland) 앱을 설치한다. 현재 이프랜드는 모바일에서만 사용이 가능하다.

[그림 2-1-1] 이프랜드 앱 설치

필수적 접근 권한 안내 팝업창이 뜨면 '확인'을 누른다.

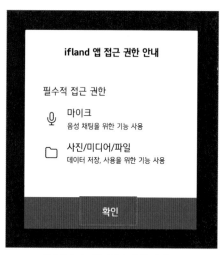

[그림 2-1-2] 접근 권한 안내

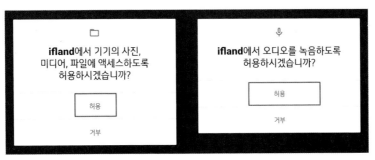

[그림 2-1-3] 미디어, 오디오 허용

기기의 사진, 미디어, 파일 액세스 및 오디오를 녹화할 수 있도록 '허용'을 한다.
다른 기기로 로그인하는 경우 권한 동의를 다시 해주어야 한다.

회원 가입은 T아이디(SK텔레콤 가입자), 페이스
북, 구글 계정 중 하나를 이용할 수 있다.

[그림 2-1-4] 로그인

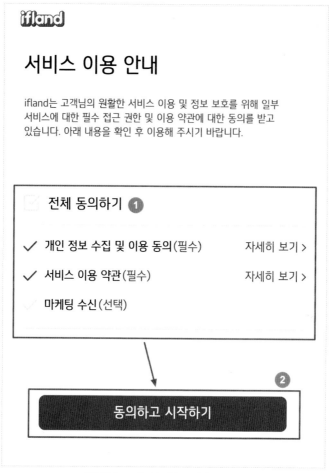

[그림 2-1-5] 동의하고 시작하기

이프랜드 약관에 대해 선택하고 아래 '동의하고 시작하기'를 누른다.

[그림 2-1-6] 이름 정하고 시작하기

아바타를 선택하고 닉네임을 입력한다. 작성이 끝나면 'ifland 시작하기'를 선택한다.

회원 가입이 끝나면 이프랜드 홈 화면이 나타난다.

[그림 2-1-7] 홈 화면

1장 메타버스의 이해와 활용 사례

2장 메타버스 플랫폼 활용 가이드

3장 메타버스 플랫폼 활용 제안

(2) 프로필 설정

프로필을 설정하려면 홈 화면에서 닉네임을 선택한다.

[그림 2-1-8] 홈 화면에서 닉네임 선택

프로필 화면에서 닉네임, 자기소개, 관심 태그, 내 SNS 링크를 설정할 수 있다.

[그림 2-1-9] 프로필 화면

먼저 닉네임을 선택하면 이름을 변경할 수 있다.

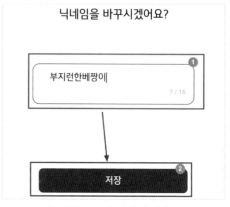

[그림 2-1-10] 닉네임 변경

닉네임은 최대 16자까지 가능하다. 변경이 끝나면 '저장'을 선택한다.

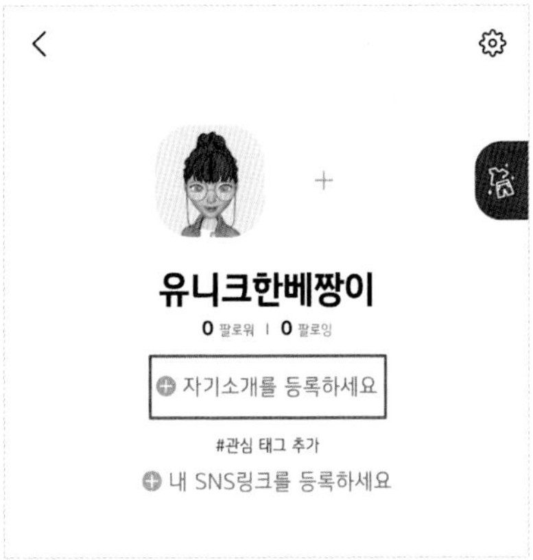

[그림 2-1-11] 자기 소개 등록

이번에는 자기소개를 등록해 보겠다. 프로필 화면에서 '자기소개를 등록하세요'를 선택한다.

자기소개 글은 최대 60자 까지 가능하며 최대 14줄까지 허용된다. 또한 특수문자나 이모지도 사용할 수 있다. 이 기능은 닉네임에도 사용가능하다. 간단히 자신이 어떤 사람인지 작성이 끝나면 '저장'을 누른다.

[그림 2-1-12] 자기소개 입력

나의 관심 태그도 추가할 수 있다. '관심 태그 추가'를 선택한다.

[그림 2-1-13] 관심 태그 추가

관심 있는 주제 최대 3개까지 선택할 수 있다. 선택이 끝나면 '확인'을 누른다.

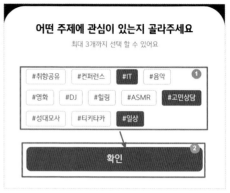

[그림 2-1-14] 관심 주제 선택

이프랜드에서는 나의 다른 SNS 링크 등록을 할 수 있다. 프로필 화면에서 '내 SNS 링크를 등록하세요'를 선택한다.

[그림 2-1-15] SNS 링크 선택

SNS 주소는 최대 2개까지 등록할 수 있다. 입력이 끝나면 '저장'을 누른다.

[그림 2-1-16] SNS 주소 등록

비어 있던 프로필이 꽉 차 있는 것을 볼 수
있다.

[그림 2-1-17] 변경된 프로필

(3) 아바타 꾸미기

프로필도 설정이 끝났으니 이번에는 아바타 꾸미기를 해 보겠다.

[그림 2-1-18] 아바타 선택

홈 화면에서 아바타를 선택한다.

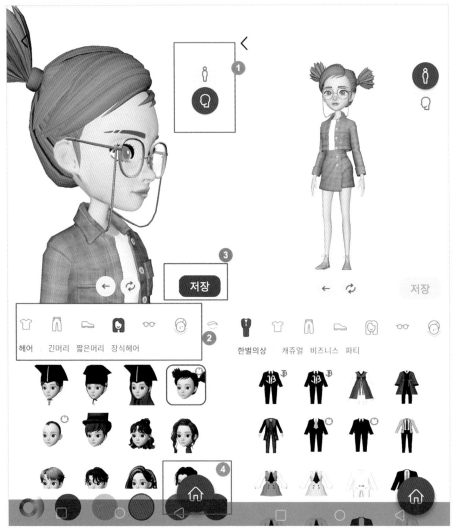

[그림 2-1-19] 저장

　아바타의 사람 모습(①)을 선택하면 상체와 전신을 볼 수 있다. 아바타 아래 옷, 신발, 머리 스타일, 얼굴형, 메이크업, 모자, 안경 등 다양하게 꾸밀 수 있다.

　꾸미기가 끝났다면 저장을 누르고 하단의 홈 버튼(④)을 누르면 홈 화면으로 이동할 수 있다.

[그림 2-1-20] 아바타 꾸미기 전, 후

머리 색깔만 바꿔도 분위기가 달라 보인다.

3) 메타버스 모임 공간(land)

(1) 모임 참여하기

홈 화면 하단에 오른쪽 [그림 2-1-21] 처럼 참여할 수 있는 방(land)을 볼 수 있다. 'All'은 공개, 비공개 모두 보여진다. 'Open'은 공개방만 나타난다. 'My land'는 내가 직접 개설한 방을 보여준다.

이 중 본인이 가고 싶은 하나를 선택하면 된다.

[그림 2-1-21] 방 참여

만약 내가 가고 싶은 방 이름을 안다면 화면 하
단에 돋보기 모양을 선택한다.

[그림 2-1-22] 방 검색

검색 창에서 찾을 방을 입력하면 아래에 해당
방이 나타난다. 만약 닉네임으로 찾을 때도 방
법은 같다.

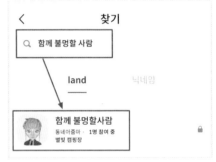

[그림 2-1-23] 방 검색

[그림 2-1-24] 랜드 입장

여기서는 별빛 캠핑장 랜드로 들어가 보았다.

[그림 2-1-25] 예약 설정

만약 참여하고 싶은 방의 오픈 시간이 많이 남았다면 예약 등록을 하면 좋다. 그림 처럼 예약 방은 자물쇠 모양과 남은 시간을 보여 준다. 해당 방을 선택하고 아래 '알림 등록'을 누른다. 설정만 해 놓으면 모임 시작 10분 전에 알림을 받을 수 있다.

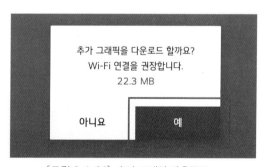

[그림 2-1-26] 추가 그래픽 다운로드

입장할 방의 추가 그래픽을 다운로드 받으라는 팝업창이 뜬다. 이때 '예'를 누른다.

(2) 방(land) 기능 알아보기

방에 들어가면 여러 가지 아이콘들을 볼 수 있다. 지금부터 하나씩 살펴보도록 하겠다.

① 이동

[그림 2-1-27] 이동

내 아바타를 여기저기 구경하기 위해서는 이동을 할 수 있어야 한다. 화면 왼쪽 하단 동그란 아이콘을 좌, 우, 상, 하로 움직이면 이동이 된다.

② 아바타 정보 및 음소거 방법

[그림 2-1-28] 참여 인원

왼쪽 상단 사람 모양 옆에 '7/131'이라는 숫자가 적혀 있다. 이는 131명 중 7명이 참여했다는 표시이다.

최대 참여 인원은 방장 포함 131명이며, 아바타로 보이는 인원은 31명뿐이다. 나머지 100명은 아바타로 보이지 않고 음성 참여자로만 참여할 수 있다.

[그림 2-1-29] 호스트라면 전체 마이크 제어 가능

만약 방을 만든 호스트라면 인원 확인 창 선택 후 전체 마이크 제어가 가능하다. 또한, 특정 아바타 마이크만 끌 수도 있다. 하지만 참가자가 다시 마이크를 켠다면 아무 소용없다.

[그림 2-1-30] 마이크 회수 방법

참가자가 완전하게 마이크 사용을 못하게 하려면 해당 참가자 오른쪽에 세개점 아이콘을 누르고 마이크 회수를 선택하면 된다.

[그림 2-1-31] 마이크 회수 안내

그럼 참가자가 마이크를 선택할 경우 위 이미지처럼 '현재 마이크 회수되어, 이야기를 할 수 없어요'라는 문구가 나타난다.

[그림 2-1-32] 아바타 정보 및 팔로잉

하단에 아바타를 선택하면 오른쪽에 아바타 정보가 나온다. 만약 팔로우를 원한다면 아바타 정보 아래 '팔로우'를 선택하면 된다.

[그림 2-1-33] 채팅 기능

대화만 가능했던 기능이 업데이트 되면서 채팅할 수 있는 기능이 추가되었다.

화면 위 말풍선 모양을 선택한다. 왼쪽에 또다시 말풍선을 선택, 하단에 종이비행기 모양을 선택하면 채팅 글을 쓸 수 있다. 그러면 ❹처럼 채팅된 글들이 나타난다.

③ 랜드 정보

[그림 2-1-34] 랜드 정보

화면 위 '느낌표'를 누르면 방 이름, 호스트, 태그, 날짜, 링크의 랜드 정보를 알 수 있다. 다른 사람에게 이 방에 초대하고 싶다면 아래 공유를 누른다.

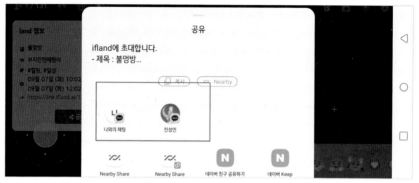

[그림 2-1-35] 공유하기

공유할 수 있는 창이 뜨면 초대할 사람을 선택하면 된다.

여기서는 카톡 친구에게 보내 보았다.

[그림 2-1-36] 카톡에서 초대 링크 확인 가능

초대받은 사람 카톡에 초대장이 도착한 것을 알 수 있다. 참여를 원할 시 위 그림의
링크를 누르면 자동 입장이 가능하다.

④ 다른 랜드 탐색

[그림 2-1-37] 다른 랜드 탐색

지구 모양 아이콘을 선택하면 다른 방 탐색이 가능하다. 다른 랜드 탐색 중 가고 싶은 곳이 있으면 터치 한번으로 자동으로 이동할 수 있다.

⑤ 링크 공유

[그림 2-1-38] 링크 공유

사람 모양 아이콘을 선택하면 공유할 수 있는 링크 창이 뜬다. 여기서도 랜드 정보와 마찬가지로 다른 친구에게 보낼 수 있다.

⑥ 화면 확대

[그림 2-1-39] 화면 확대

화면 오른쪽 네모 모양을 누르면 중앙에 설치되어 있는 스크린 화면이 확대된다.

[그림 2-1-40] 돌아가기

확대 선택 시 모바일 화면 전체가 스크린으로 꽉 차 있는 것을 볼 수 있다. 다시 제자
리로 돌아가기 위해서는 네모 모양을 누르면 된다.

[그림 2-1-41] 호스트 화면

하지만 호스트 화면에서는 네모가 아닌 리모컨 모양이 나온다. 리모컨을 선택한다.

[그림 2-1-42] 자료 공유 및 제어

리모컨 선택 시 참여한 사람들에게 보여 줄 자료를 공유할 수 있다. 또한, 이 자료를 '누구나 제어'와 '내가 제어'가 가능하게 변경도 가능하다.

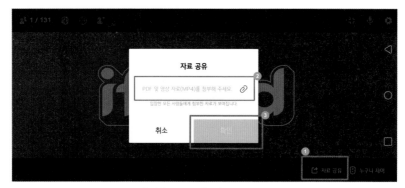

[그림 2-1-43] 자료 공유

자료 공유를 선택하면 PDF 파일 및 MP4 영상을 첨부할 수 있고 첨부됐으면 '확인'을 누른다. 단 영상은 Full HD 해상도까지와 H264 코덱을 사용한 MP4만 공유 가능하다.

영상 상영 시 사용자 마이크가 켜져 있는 경우 영상 소리가 자동으로 작아지니 참석자 마이크를 끄도록 한다.

[그림 2-1-44] 자료 영상

그럼 위의 그림처럼 영상을 이 방에 있는 모든 참여자들과 함께 볼 수 있다.

공유 중지를 하려면 화면 오른쪽 아래 '공유 중지'를 누르면 된다. 돌아갈 때는 똑같이 화면 오른쪽 상단 네모 모양을 선택하면 된다.

⑦ 사진 찍기

[그림 2-1-45] 사진 찍기

카메라 아이콘을 선택하면 사진을 찍을 수 있다. 사진을 찍으면 화면 아래에 '촬영 완료! 촬영한 사진은 기기에 바로 저장돼요'라는 안내문이 뜬다.

⑧ 마이크

[그림 2-1-46] 마이크 제어

마이크 모양을 누르면 참여자 스스로 끄고 켜기가 가능하다.

⑨ 설정

[그림 2-1-47] 설정 - 소리 듣기

화면 오른쪽 상단 톱니바퀴 모양의 설정 창이 있다. 설정에는 소리 듣기, land 수정, 공지 등록, 마이크 권한 설정, 참여 모드 설정, 호스트 변경, land 종료가 있다. 단, 호스트가 아닌 참가자인 경우는 소리듣기만 보이게 된다.

만약 소리가 들리지 않는다면 위의 그림처럼 소리 듣기가 활성화가 되어 있는지 확인할 필요가 있다. 혹시 모바일 자체에 음소거가 되어 있을 수도 있으니 두 가지 모두 확인하자.

[그림 2-1-48] 설정 - 랜드 수정

방 안에서도 랜드 수정이 가능하다. 랜드 수정을 누르면 시간도 변경이 가능하다. 태그 및 공개도 변경된다. 모든 수정이 끝나면 '저장'을 누른다.

[그림 2-1-49] 설정 - 공지

설정 - 공지에는 필요한 안내 사항이나 방 소개를 할 수 있다. 최대 40자까지 가능하고 작성이 끝나면 '저장'을 누른다.

[그림 2-1-50] 공지 확인 방법

공지 내용은 좌측 화면 '랜드 정보'에 별 아이콘으로 표시된다.

[그림 2-1-51] 마이크 권한 설정

마이크 권한 설정은 마이크 사용 권한을 호스트만 줄 것인지, 전체에게 부여할 것인지 선택할 수 있다. 호스트만 권한을 줄경우 다른 참가자들은 마이크를 사용할 수 없다. 주변이 너무 시끄러울 때 호스트만을 선택하여 사용하면 좋다.

[그림 2-1-52] 채팅권한 설정

채팅권한 설정도 마이크 권한 설정처럼 사용권한을 호스트만 줄 것인지, 전체에서 부여할 것인지 선택할 수 있다.

[그림 2-1-53] 참여 모드 설정

참여 모드 설정에서는 직접 참여하여 소통하는 사람만 입장시킬 것인지, 오디오 중심으로 참여하는 사용자(다른 앱을 열게 되면 소리로만 모임 참여 가능, 또한 31명 이후 입장자도 소리로만 참여됨)도 입장시킬 것인지 선택이 가능하다.

[그림 2-1-54] 호스트 변경

설정 창에서는 호스트도 변경이 가능하다. 호스트는 공지 등록 및 마이크 권한 설정을 할 수 있다.

먼저 호스트 변경을 누르고 호스트할 사람을 선택한다. '저장'을 누르면 호스트가 바뀐다.

[그림 2-1-55] 랜드 종료

내가 만든 방 종료 버튼도 설정에 들어 있다.

맨 하단에 'land 종료'를 선택한다. 이후 랜드를 종료할 것인지에 대한 팝업창이 뜨면 '예'를 누르면 방이 사라진다.

[그림 2-1-56] 나가기

설정 옆 나가기 버튼을 선택해도 방을 만든 호스트라면 방을 종료할 수 있다.

참여자는 나가기 버튼 사용 시 곧바로 홈 화면이 나타난다.

[그림 2-1-57] 호스트 변경 안내 팝업

하지만 랜드에 다른 참가자들도 있는 경우 위의 그림처럼 '호스트 변경 후에 나가시겠어요?'라는 팝업이 뜬다. 이때 '예'를 누루고 다른 사람에게 호스트 권한을 주면 나갈 수 있다.

참가자가 있는 경우 랜드를 완전히 종료 하려면 설정 - land종료를 한 경우만 개설한 방을 없앨 수 있다.

[그림 2-1-58] 이모티콘 및 모션 리스트

이프랜드는 생동감 넘치는 소통을 위해 60여 개의 이모티콘 및 모션 리스트를 제공한다.

하트와 박수를 누르면 머리 위로 이모티콘이 나타나거나 신나게 춤을 출 수도 있다.

(3) 방 만들기

이프랜드에서도 직접 방을 개설할 수 있다. 이때 홈 화면 아래 플러스(+) 버튼을 누른다.

[그림 2-1-59] 홈 화면 플러스 버튼

방을 만들 수 있는 화면이 나타난다. 방 이름을 정하고 어떤 방(콘퍼런스 홀, 야외 루프탑, 카페, 운동장 등이 있음)을 사용할 것인지 고른다. 또한, 아래쪽에 나타난 방 중에서 원하는 색의 방 선택이 가능하다. 방 선택이 끝났다면 바로 오픈할 것인지 바로 시작하지 않는다면 미리 예약을 선택한다. 태그를 넣고(넣지 않아도 상관 없음) 공개인지 비공개인지 설정한다. 모든 게 끝나면 '저장'을 누른다.

[그림 2-1-60] 방 만들기

만약 호스트가 비공개로 방(자물쇠 모양으로 나타남)을 만들고 링크를 공유하지 않으면 입장을 못하게 되기 때문에 입장코드를 알아야 들어올 수 있다.

[그림 2-1-61] 비공개 방인 경우 비밀번호를 입력해야 입장 가능

[그림 2-1-62] 입장 코드

입장 코드 번호는 랜드 정보에서 확인이 가능하다.

[그림 2-1-63] 내 방 입장

그럼 이렇게 방이 생성된 것을 볼 수 있다.

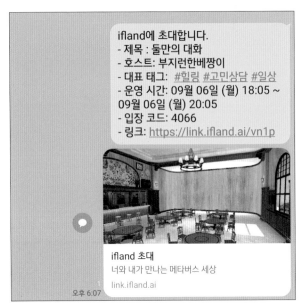

[그림 2-1-64] 링크로 초대

사람을 초대하려면 [그림 2-1-36]처럼 링크 공유를 복사해 초대 링크를 공유하면 된다.

[이프랜드 사용법 동영상]

02 제페토

제페토는 2018년 8월 출시되었으며, 3D 아바타를 기반으로 한 소셜네트워크 서비스 (SNS)다. 캐릭터의 외모를 내 마음대로 만들고 의상 아이템도 꾸밀 수 있다. 또한, 월드에 놀러가기도 하고 게임에 참가도 가능하다. 포토 부스에서 찍은 사진을 SNS에 업로드도 한다. 그뿐만 아니라 직접 아이템을 만들어 판매도 할 수 있고 가상공간도 직접 만들 수 있다.

2) 제페토 시작하기

(1) 제페토 회원 가입 및 캐릭터 만들기

먼저 구글 스토어에서 제페토 앱을 설치한다.

[그림 2-2-1] 제페토 앱 설치

앱을 열면 먼저 이용약관에 동의하라는 창이 뜬다. 필수를 모두 선택하고 '동의합니다'를 누른다.

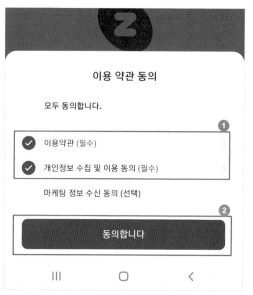

[그림 2-2-2] 이용 약관 동의

[그림 2-2-3] 아래에서 기본적인 캐릭터를 선택하고 '다음'을 클릭한다.

[그림 2-2-3] 나만의 캐릭터 선택

자신의 캐릭터 이름을 넣고 '다음'을 클릭한다. 이름은 이후에도 변경이 가능하다.

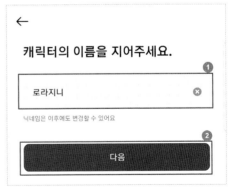

[그림 2-2-4] 캐릭터 이름 설정

본인의 생년월일을 입력하고 '확인'을 누른다.

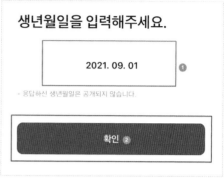

[그림 2-2-5] 생년월일 입력

본인의 생년월일을 정확하게 입력했는지 확인 창이 뜬다. '확인'을 선택한다.

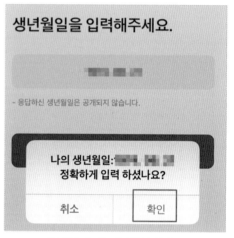

[그림 2-2-6] 생년월일 확인

'소셜 계정을 연동하라'는 팝업이 뜬다. 카카오톡 계정이 있다면 카카오톡으로 계속하기를 선택하면 된다. 카톡이나 페이스북 이용시 간단하게 가입이 가능하다.

만약 다른 것으로 가입할 때는 화면 하단 '다른 옵션 보기'를 클릭한다.

[그림 2-2-7] 소셜 계정 연동

옵션을 선택하면 트위터, 라인, 휴대폰, 이메일로도 가입이 가능해진다. 여기서는 '휴대폰 번호로 계속하기'를 선택해 보겠다.

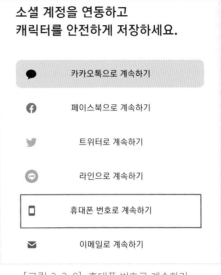

[그림 2-2-8] 휴대폰 번호로 계속하기

본인의 휴대폰 번호를 입력하고 다음을 누른다.

[그림 2-2-9] 휴대폰 번호 입력

인증번호가 해당 휴대폰의 문자 메시지로
발송된다. 4자리 인증번호를 입력하고 다음
을 누른다.

[그림 2-2-235] 인증번호 입력

아이디(영문 소문자, 숫자, 밑줄(_) 및 마침표(.)만
가능)를 설정하고 다음을 누른다. 참고로 아
이디는 '프로필 편집'에서 변경이 가능하다.

[그림 2-2-10] 제페토 아이디 설정

비밀번호를 설정하고 다시 한 번 더 입력
하고 완료를 누른다.

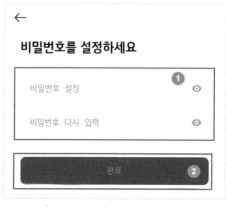

[그림 2-2-11] 비밀번호 설정

[그림 2-2-12] 제페토 홈 화면

아이디 설정까지 끝났다면 위의 그림처럼 제페토 홈 화면이 나온다.

(2) 캐릭터 패션 아이템 구매 및 방 꾸미기

① 패션 아이템 구매하기

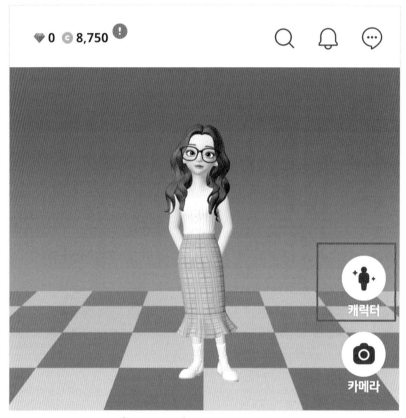

[그림 2-2-13] 캐릭터 아이콘 선택

패션 아이템을 구매하려면 먼저 오른쪽 '캐릭터'를 선택한다.

[그림 2-2-14] 패션 아이템 선택

　화면 중앙에 의상과 액세서리 모양을 선택하면 하단에 관련 아이템이 뜬다. 관심 있는 아이템을 클릭하면 자동으로 입은 모습을 볼 수 있다. 360도 다 볼 수 있으니 뒷모습까지 확인하는 것이 좋다. 캐릭터 옆 '옷 모양'을 클릭하면 전체 모습을 볼 수 있다. 마음에 드는 아이템을 골랐다면 '구매'를 누른다.

　참고로 아이템에 보라색 보석 모양이 있다면 '잼'으로만 구매가 가능하고 노란색 모양이 있다면 '코인'으로 구매가 가능하다.

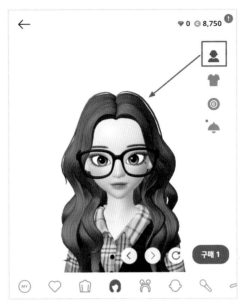

[그림 2-2-15] 얼굴 아이콘 선택

만약 오른쪽 상단 '얼굴 모양'을 선택하면 상체를 확대해서 볼 수 있다.

[그림 2-2-16] 패션 아이템 구매

내가 구매한 아이템 내역이 나온다. 구매하려는 것이 맞으면 아래 '구매'를 누른다.

여기서 사용되는 화폐는 그림에서 보는 것처럼 상단 보라색 모양의 '젬'과 노란색 모양의 '코인'을 이용할 수 있다. 처음 회원 가입 시 기본적인 코인을 지급하니 코인 모양으로 되어 있는 제품을 구매해 보기 바란다.

[그림 2-2-17] 새로운 패션 착장 모습

구매가 완료되면 홈 화면에서 아이템 착장 모습을 볼 수 있다.

② 방 꾸미기

방을 꾸미는 방법도 패션 아이템 구매하는 것과 같다.

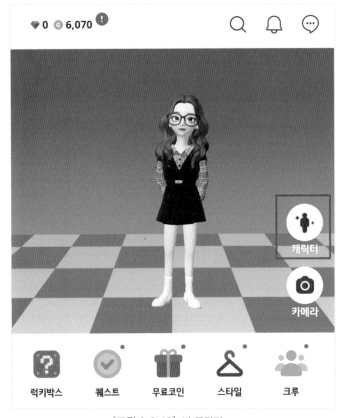

[그림 2-2-18] 방 꾸미기

먼저 오른쪽 '캐릭터'를 선택한다.

[그림 2-2-19] 전등 아이콘 선택

방을 꾸밀 때는 '전등 아이콘'을 선택한다. 위의 그림처럼 설치가 가능한 곳은 플러스(+) 버튼이 보인다. 꾸밀 위치에 터치를 하면 + 버튼이 둥그런 아이콘으로 바뀌게 된다. 이때 아래 아이템 중 하나를 골라 선택하면 방이 바뀐 것을 알 수 있다. 이때 패션 아이템처럼 구매하면 된다.

참고로 패션 아이템이나 방을 꾸밀 수 있는 아이템은 거의 유료로 판매되고 있다.

(3) 프로필 편집하기

[그림 2-2-20] 프로필 편집

프로필을 편집하려면 먼저 화면 아래 '프로필'을 선택한다. 그때 편집할 수 있는 창이 나타나는데 '프로필 편집'을 누른다.

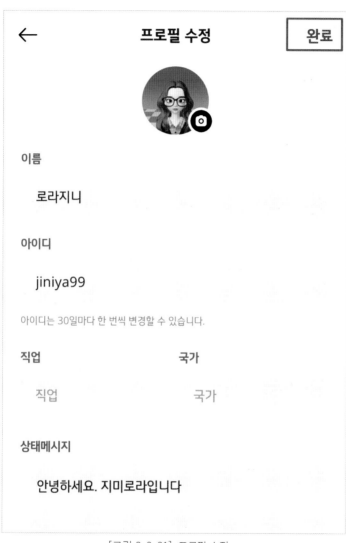

[그림 2-2-21] 프로필 수정

아이디를 제외하고 이름, 직업, 국가, 상태 메시지를 편집할 수 있다. 아이디는 30일에 한 번씩 변경이 가능하다. 또한, 직업과 국가와 상태 메시지는 넣지 않아도 된다.

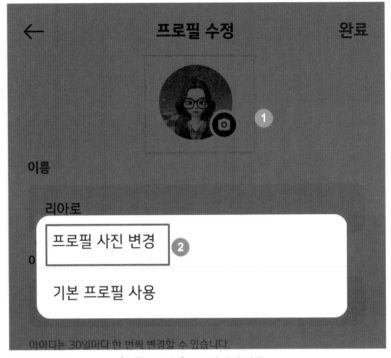

[그림 2-2-22] 프로필 사진 변경

프로필 사진을 변경하고 싶다면 맨 위 사진을 선택한다. 아래에 '프로필 사진 변경' '기본 프로필 사용' 중 선택할 수 있는 창이 뜨는데 이때 '프로필 사진 변경'을 선택한다.

[그림 2-2-23] 포즈 선택

기본적인 사진이 아니라 여러 가지 포즈가 있는 사진도 선택이 가능하다. 여기서는 노을의 그림자가 드리운 포즈를 선택해 보았다.

[그림 2-2-24] 프로필 편집 완료

위 그림처럼 프로필 사진이 변경된 것을 볼 수 있다.

(4) 게시물 올리기

이제 프로필 편집도 끝났으니 게시물을 올려보도록 하겠다. 게시물은 인스타그램의 게시물과 비슷하다. 다른 점이라면 본인 얼굴이 아닌 나의 아바타가 게시된다.

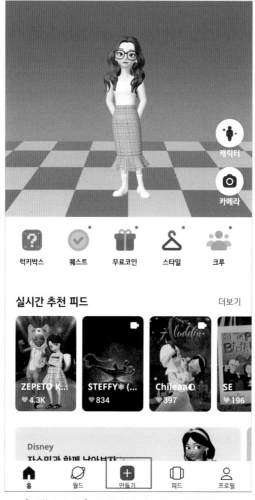

[그림 2-2-25] 맨 하단에 만들기를 선택한다.

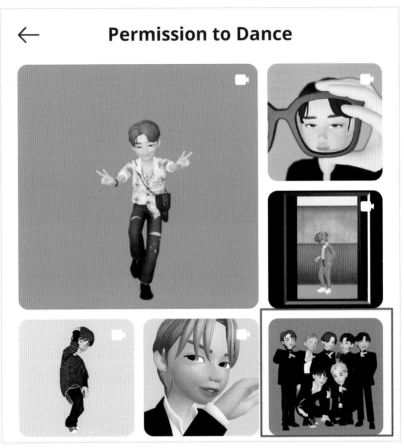

[그림 2-2-26] 게시할 포즈 선택

여러 종류의 포즈를 선택할 수 있는 창이 뜬다. 그림에서처럼 오른쪽 상단에 비디오가 보이는 것은 동영상으로 게시할 수 있다.

요즘 유행하는 BTS의 포즈 중 단체 사진을 선택해 보았다.

[그림 2-2-27] 게시하기

[그림 2-2-26]에서와 똑같은 포즈의 사람들이 등장한 것을 볼 수 있다. 오른쪽 상단에 있는 아이콘을 이용하면 크기, 색, 이모티콘, 글자를 추가로 넣을 수 있다. 또한, 하단에 배경을 선택하면 뒷배경도 변경이 가능하다.

모든 작업이 끝났다면 오른쪽 하단 '화살표'를 선택하면 된다.

[그림 2-2-28] 게시 내용 작성

인스타그램처럼 해시태그를 간단한 내용으로 넣을 수 있으며 팔로잉 멤버들에게도 태그가 가능하다. 댓글을 허용하면 다른 사람들이 댓글도 달 수 있다. 작성이 끝나면 완료를 누른다.

[그림 2-2-29] 게시 완료

게시가 완료되었다. 제페토에서는 혼자라도 위 그림처럼 여럿이 함께 단체 사진도
가능하다.

(5) 월드에서 놀기

제페토 월드는 아바타 놀이 공간이라고 보면 된다. 게임부터 한강에 놀러 가고 낚시
도 가능하다.

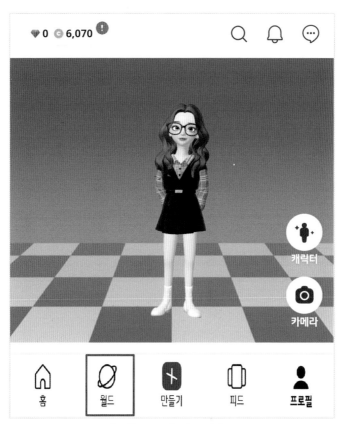

[그림 2-2-30] 월드 선택

먼저 홈 화면 하단에서 '월드'를 선택한다.

[그림 2-2-31] 월드 입장하기

제페토에는 정말 많은 월드가 있다. 이 중 가고 싶은 곳을 선택하면 된다.

[그림 2-2-32] 기능 설명

처음 월드에 입장하게 되면 위의 그림처럼 아이콘 기능 설명 창이 뜬다. 화면을 터치하면 설명 창이 사라진다.

[그림 2-2-33] 월드 구경하기

모바일 화면에 다 담을 수 없을 만큼 공간이 크다. 그렇다 보니 구경하는 재미도 쏠쏠하다.

① 사격 게임

[그림 2-2-34] 사격 게임

월드에서 사격 게임을 해 보았다. 화면 터치로 모든 것을 할 수 있다. 오른쪽 화면에 총알이 몇 개 남아 있는지도 알려 준다.

[그림 2-2-35] 아이템 얻기

게임이 끝나면 게임 결과도 나온다. 게임의 전체 점수가 1,000점이 되면 아이템도 얻을 수 있다. '다시 하기'를 선택하면 게임을 계속할 수 있고 그만하고 싶다면 '그만하기'를 선택하면 된다.

② 모션 추가하기

제페토에서는 나만의 모션을 넣을 수 있다. 오프라인에서는 남의 눈치 보느라 못하는 것들을 여기서는 가능하다.

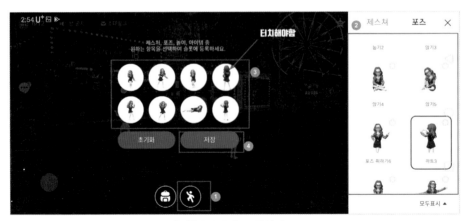

[그림 2-2-36] 모션 넣기

입장이 처음이라면 모션이 비어 있다.

화면 하단에 모션 아이콘을 선택하면 [그림 2-2-36]처럼 제스처 또는 포즈를 넣을 수 있다. 제스처는 대부분 춤을 출 수 있고 포즈는 그냥 사진을 찍기 위한 모습이다.

먼저 사용할 모션을 선택하고(처음 한번은 꾹 눌러서 선택) 가운데 동그라미 안 빈 곳을 터치하면 들어간다.

수정이 필요하면 '초기화'를 누르고 완성이 되면 '저장'을 선택한다.

[그림 2-2-37] 모션 위치

모션 위치는 화면 오른쪽 하단에 있다. 놀면서 내가 하고 싶은 모션을 선택하면 된다.

2) 제페토 시작하기　83

③ 설정 기능

[그림 2-2-38] 설정 기능

화면 상단 오른쪽 설정(바퀴 모양)을 선택하면 음성, 배경음 듣기, 말풍선, 이름 표시, 방 초대받기, 3인칭 시점에서 바라보는 등 여러 가지 설정이 가능하다. 비활성화하고 싶으면 오른쪽 파란색 부분을 터치하면 된다.

④ 방 만들기 및 나가기

[그림 2-2-39] 방 만들기

제페토에서는 방도 만들 수 있다. 먼저 문 모양을 누르고 방 만들기(최대 16명까지 입장 가능)를 선택한다. 왼쪽에 방 만들기 창에서 내용을 입력하고 비밀 방을 만들 것인지, 공개 방을 만들 것인지 선택하면 된다.

방만드는 방법은 위의 방법외에 또 다른 방법이 있다.

홈 화면에서 월드를 선택해서 방을 만들 수 있다.

[그림 2-2-40] 월드 선택해서 방만들기

월드 선택하고 들어가면 화면 상단 오른쪽에 플러스(+) 아이콘을 선택한다.

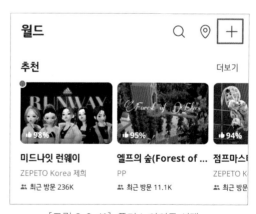

[그림 2-2-41] 플러스 아이콘 선택

[그림 2-2-42] 방만들기

방 만들 맵을 하나 선택하고 주제,키워드,최대인원, 친구초대(초대하지 않을 경우 그냥 놔
둬도 됨), 관전여부, 비밀방 만들기를 선택하고 완료를 누른다.

[그림 2-2-43] 초대 링크 보내기

사람들에게 초대링크를 보내고 싶다면 화면 왼쪽 상단에 초대링크를 선택하고 링크를 복사하여 발송하면 된다.

[그림 2-2-44] 방 나가기

월드에서 놀다 방을 나가고 싶다면 문 모양을 누르고 '방 나가기'를 선택하면 된다.

(6) 카메라 기능 알아보기

제페토 홈 화면에 카메라가 있다. 이 카메라에 여러 가지 기능이 숨어 있다.

[그림 2-2-45] 카메라 기능

카메라 기능을 알아보려면 먼저 홈 화면에서 카메라를 선택한다.

[그림 2-2-46] 룸 기능

카메라에는 4개의 기능이 들어 있다. 첫 번째 기능은 '룸'이다.

'룸'은 우리가 홈 화면에서 보는 것과 같다.

[그림 2-2-47] 포즈 촬영 가능

　캐릭터를 누르면 아래에 여러 가지 포즈가 들어 있어 움직이는 영상을 볼 수 있다. 포즈를 선택하고 [그림 2-2-46] 하단의 가운데 동그라미를 살짝 누르면 사진 촬영이 되고 꾹 눌렀을 경우 영상 촬영을 할 수 있다. 영상 촬영 시 소리까지 녹음이 된다.

[그림 2-2-48] 액션 기능

카메라의 두 번째 기능은 '액션'이다.

액션을 선택하면 캐릭터가 나의 표정을 따라 한다.

[그림 2-2-49] 일반 기능

카메라 기능 세 번째는 '일반'이다.

일반은 다른 모바일에서 사용하는 이모지와 비슷하다. 내 몸에 얼굴만 캐릭터로 변한다.

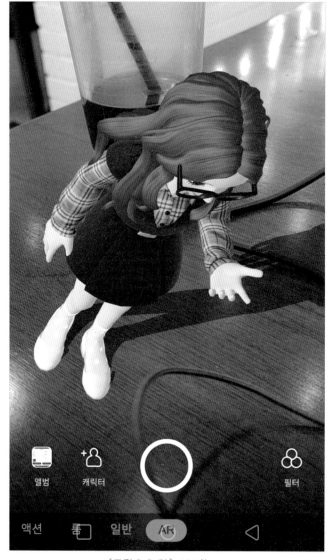

[그림 2-2-50] AR 기능

    카메라 기능 네 번째는 'AR(증강현실)'이다.

    위의 그림처럼 책상에 내 캐릭터가 서 있는 것을 볼 수 있다. 손바닥을 갖다 대면 내 손에 올라오는 것처럼 보인다.

3) ┃ 제페토 스튜디오 시작하기

2) '제페토 시작하기'에서 제페토 패션 및 방 아이템을 구매해서 꾸며 보았다. 지금부터는 직접 아이템 제작자가 되어 판매하는 방법에 대해 알아 보겠다. 바로 제페토 스튜디오를 이용하여 만들 수 있는데 모바일 버전과 PC 버전 두 가지가 있다. 여기서는 누구나 사용할 수 있는 플랫폼을 이용해 아이템을 만들어 보겠다.

(1) 아이템 만들기 - 모바일 버전

모바일로 아이템을 만들 때는 한 가지 앱만 있으면 된다

[그림 2-2-51] 프로필 선택

먼저 제페토 홈 화면에서 화면 오른쪽 하단에 있는 프로필을 선택한다.

[그림 2-2-52] 설정 모양 선택

화면 오른쪽 상단에 설정 모양을 선택한다.

[그림 2-2-53] 크리에이터 되기

'크리에이터 되기'를 선택한다.

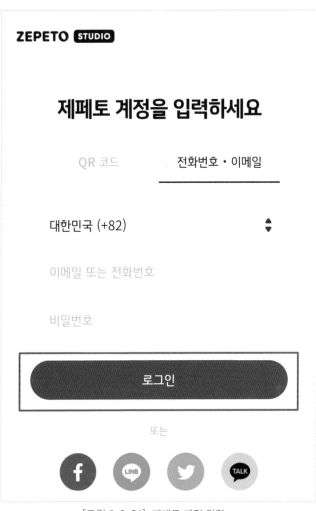

[그림 2-2-54] 제페토 계정 입력

    제페토 계정을 입력하는 창이 뜬다. 이전에 로그인이 되어 있다면 위 그림은 나타나지 않는다. 여기서는 제페토 가입 내역(전화번호로 가입이 되었다면 전화번호와 비밀번호 입력)을 넣고 '로그인'한다.

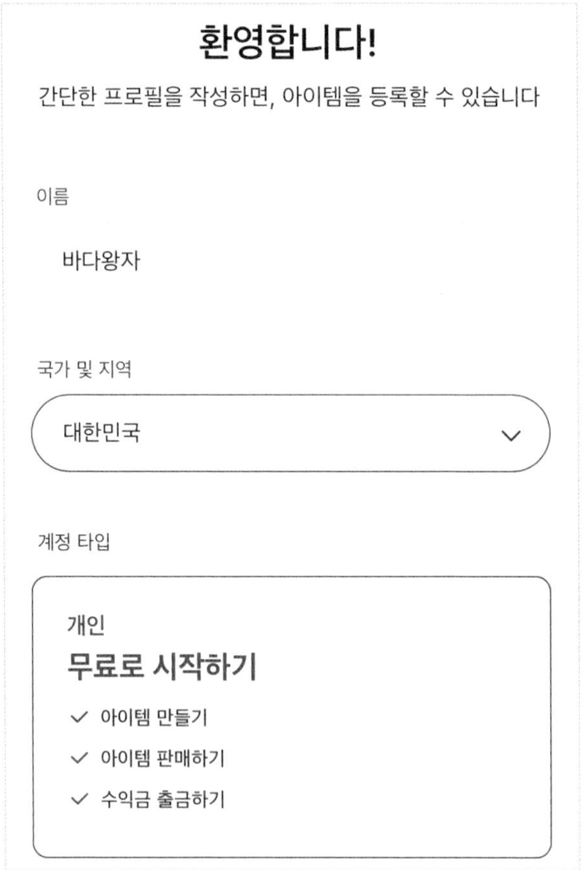

환영합니다!

간단한 프로필을 작성하면, 아이템을 등록할 수 있습니다

이름

바다왕자

국가 및 지역

대한민국　　　　　　　　　　　　　　　　⌄

계정 타입

개인
무료로 시작하기
✓ 아이템 만들기
✓ 아이템 판매하기
✓ 수익금 출금하기

[그림 2-2-55] 아이템 등록할 수 있는 프로필 작성

아이템을 등록할 수 있는 프로필을 작성해야 한다.

이름, 국가 및 지역, 계정 타입(개인인지 사업자인지)을 입력한다.

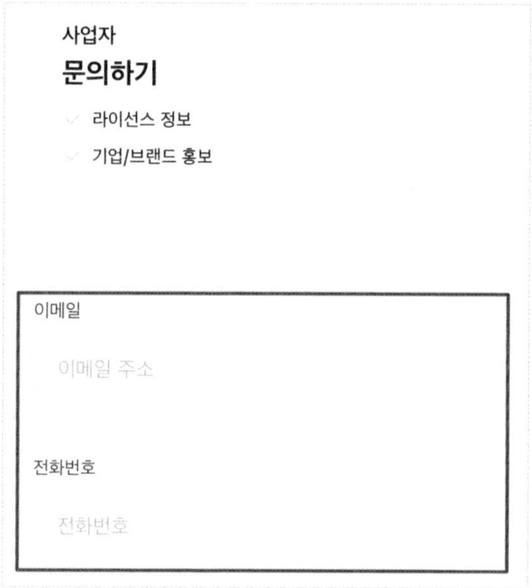

[그림 2-2-56] 이메일, 전화번호 입력

이메일과 전화번호도 입력한다.

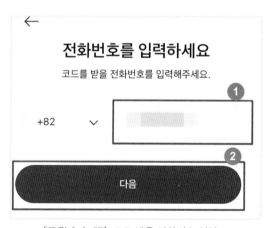

[그림 2-2-57] 코드 받을 전화번호 입력

코드를 받을 전화번호를 입력하고 다음을 누른다.

[그림 2-2-58] 문자로 받은 코드 번호 4자리 입력

문자로 전송된 4자리 코드 번호를 입력하고 확인을 누른다.

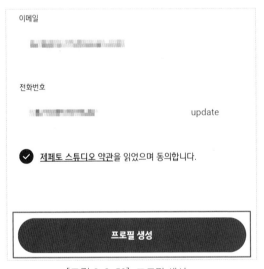

[그림 2-2-59] 프로필 생성

인증이 끝났다면 약관 동의를 하고, 맨 하단에 있는 '프로필 생성'을 누른다.

[그림 2-2-60] 아이템 선택

만들고 싶은 아이템을 선택한다. 여기서는 요즘 필수품인 마스크를 선택해 보았다.

아이템 만들기를 할 때 필요한 앱은 바로 '이비스페인트'다.

[그림 2-2-60]까지 한 후에 스마트폰 하단 가운데 홈 버튼을 눌러 스마트폰 홈으로 돌아간다. 폰에서 플레이스토어를 열고 '이비스 페인트' 앱을 검색해 설치한다.

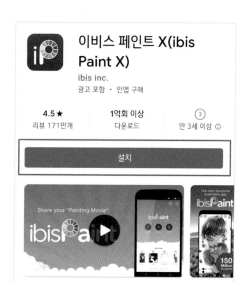

[그림 2-2-61] 이비스 페인트 앱 설치

이 앱은 모바일 전용 그래픽 툴이라고 할 수 있다.

[그림 2-2-62] 완료 선택

처음 앱을 열면 이비스 페인트의 설명들이 나온다. 화면 위의 '완료'를 누른다.

[그림 2-2-63] 나의 갤러리 선택

이비스 페인트 첫 화면이다. '나의 갤러리'를 선택한다.

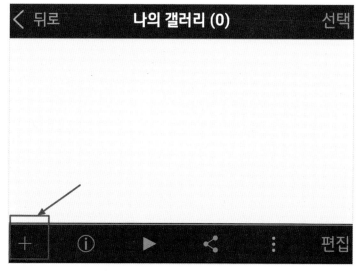

[그림 2-2-64] 새 아트워크 생성

처음 화면을 열면 아무것도 없는 갤러리 화면이 나타난다. 화면 왼쪽 아래 '플러스(+)'를 누른다.

새 캔버스 화면에서 크기를 먼저 지정한다. 참고로 이미지 최소 사이즈는 256×256px(픽셀), 최대 사이즈는 512×512px(픽셀)이다.

모바일을 이용해 편집할 것이기 때문에 제일 큰 이미지 크기를 지정하고 OK를 누른다.

[그림 2-2-65] 크기 지정

이렇게 빈 스케치 화면이 나타난다.

[그림 2-2-66] 빈 스케치 화면

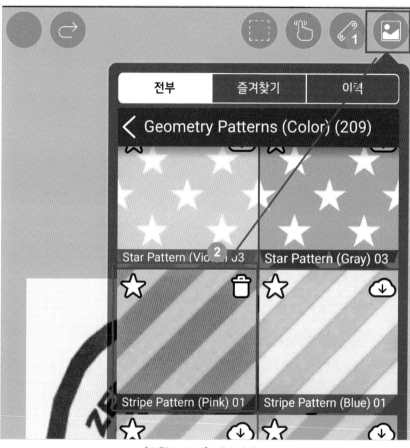

[그림 2-2-67] 패턴 선택

이비스 페인트는 아이템에 넣을 여러 종류의 템플릿을 기본으로 제공하고 있다. 따로 인터넷을 검색하며 찾을 필요가 없다.

화면 오른쪽 상단에 '사진' 아이콘을 누른다. 아래에 여러 가지 템플릿을 볼 수 있다. 이 중 아이템에 넣을 패턴을 하나 선택한다.

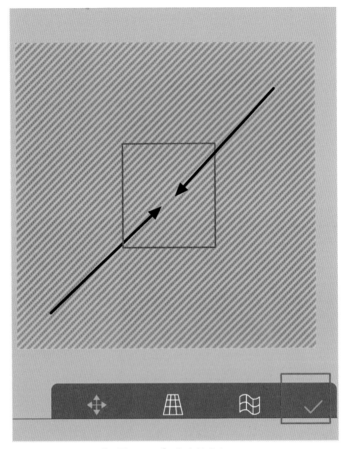

[그림 2-2-68] 패턴 확대 축소

이비스 페인트는 포토샵처럼 레이어를 이용할 수 있다. 이렇게 선택만 해도 벌써 마스크 위에 패턴이 자동으로 올려져 있다. 엄지와 검지를 그림처럼 오므리면 크기가 컸던 패턴이 작게 나타난다. 반대로 패턴을 크게 하고 싶다면 엄지와 검지를 화살표 반대 방향으로 펼치면 된다.

패턴의 알맞은 크기를 찾았다면 '확인(✓)'을 누른다.

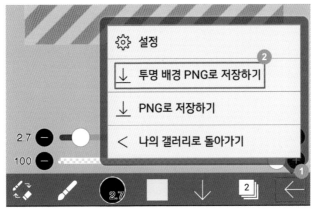

[그림 2-2-69] 투명배경 PNG로 저장하기

패턴 크기 설정이 끝났다면 이제 저장만 하면 된다.

화면 하단 오른쪽에 '화살표(←)'를 선택한다.

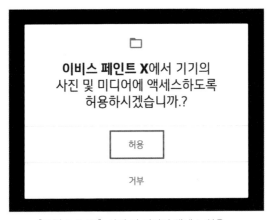

[그림 2-2-70] 사진 및 미디어 액세스 허용

이때 패턴 사진을 이용할 수 있도록 '기기의 사진 및 미디어에 액세스하도록 허용하시겠습니까?'라는 팝업 창이 뜬다. 이때 '허용'을 누른다.(최초 한번만 나타남)

허용이 끝났다면 [그림2-2-69]에서 처럼 '투명 배경 PNG로 저장하기'를 누른다.

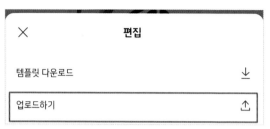

[그림 2-2-71] 업로드하기

스마트폰 하단 가운데 홈 버튼을 눌러 스마트폰 홈으로 돌아가 다시 제페토 앱을 연다. 아래에 '업로드하기'를 선택한다.

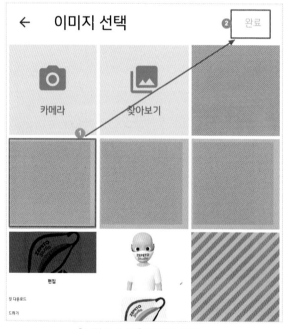

[그림 2-2-72] 이미지 선택

이비스 페인트 앱에서 저장한 이미지를 선택하고 '완료'를 누른다. 완료 버튼은 핸드폰 종류에 따라 없을 수도 있으니(자동으로 넘어감) 참고하기 바란다.

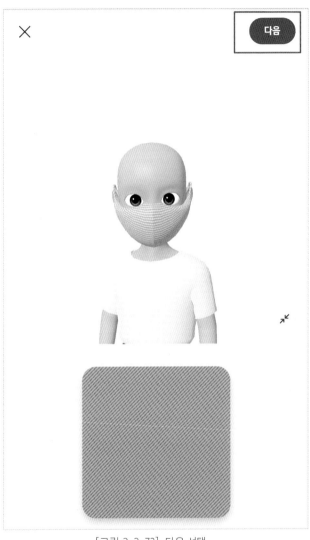

[그림 2-2-73] 다음 선택

캐릭터가 내가 만든 마스크를 쓴 모습을 볼 수 있다. 이때 패턴이 너무 크거나 작게 느껴진다면 다시 이비스 페인트 앱으로 돌아가 수정하고 다시 업로드하면 된다. 제대로 되었다면 '다음'을 누른다.

[그림 2-2-74] 이름과 태그 입력

아이템을 만들었으니 판매하기 위한 내용들을 작성해야 한다.

먼저 아이템 '이름'을 넣는다. 최대 100자까지 가능하다. 아래 '태그'도 입력한다. 최대 5개까지 가능하니 모두 쓰는 것이 좋다. 또한, 제페토는 전 세계인들이 사용하기 때문에 영문도 함께 적어 둔다.

가격

3 ZEM ⌄

이벤트

참여 안함 ⌄

프로모션 콘텐츠

프로모션 콘텐츠

등록하려는 아이템이 특정 브랜드 또는 상품을 프로모션한다면 이
옵션을 선택해주세요. **자세히 알아보기**

고급 설정 〉

[그림 2-2-75] 가격 및 고급 설정

가격을 정한다. 기본으로 젬 가격은 1젬(약 85.7원)에서 50젬까지 있다. 어떤 아이템이냐에 따라 최저 금액은 달라질 수 있다. 마스크는 최저 금액이 3젬이다. 다음 고급 설정을 선택한다.

← **고급 설정**

일정

승인되면 바로 배포 ✓

시작/종료일 지정 ◯

위치

모든 국가 ✓

선택 국가 ◯

[그림 2-2-76] 고급 설정하기

고급 설정에서는 일정 및 위치를 선택할 수 있다. '승인되면 바로 배포'를 선택하고 전 세계에 판매되도록 '모든 국가'를 누른다.

[그림 2-2-77] 저장

내용을 모두 작성했다면 '저장'을 누른다.

[그림 2-2-78] 내 아이템 미리보기

저장 후 내 아이템이 제대로 만들어졌는지 확인할 필요가 있다. '내 아이템'을 선택하면 저장했던 마스크를 볼 수 있다. 오른쪽 점 세 개 아이콘을 선택한다.

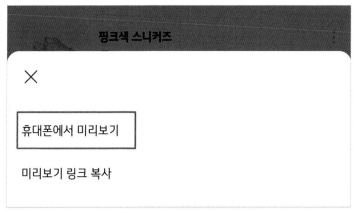

[그림 2-2-79] 휴대폰에서 미리보기

화면 하단에 '휴대폰에서 미리보기'를 선택한다.

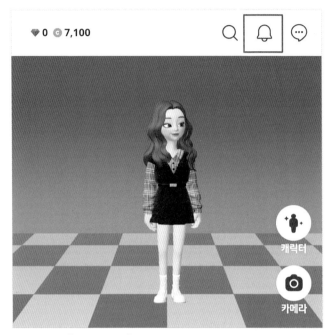

[그림 2-2-80] 제페토 앱에서 알림 창 선택

휴대폰에서 미리보기를 하려면 홈 화면 위의 종 모양의 알림 창을 선택한다.

[그림 2-2-81] 알림 내용

모든 알림은 알림 창에서 확인할 수 있다. 맨 위의 '아이템 미리 보기 하시려면 여기를 누르세요'라는 안내문을 누른다.

[그림 2-2-82] 360도 확인 가능

내 캐릭터가 마스크를 쓴 모습을 볼 수 있다. 여러 가지 포즈도 확인해 보고 손으로 좌우로 돌리면 360도 모습을 볼 수 있다. 심사에서는 앞뒤 모두 확인을 하므로 이상이 있는지 확인하는 습관이 필요하다.

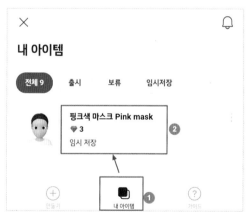

[그림 2-2-83] 아이템 이름 선택

미리 보기에서도 문제가 없다면 이젠 제출 신청을 하면 된다.

'내 아이템'을 누르고 '아이템 이름(핑크색 마스크 Pink mask)'을 선택한다.

[그림 2-2-84] 제출하기

화면 오른쪽 상단에 '제출하기'를 누른다.

[그림 2-2-85] 임시 저장에서 제출됨으로 바뀜

제출하기가 끝나면 위의 그림처럼 '임시 저장'이었던 아이템이 '제출됨'으로 바뀌었다.

이제는 심사 결과만 기다리면 된다. 참고로 심사일은 최대 2주 소요된다.

(2) 아이템 만들기 – PC 버전

모바일 버전과 PC 버전 사용 순서는 거의 비슷하다. 이번 PC 버전에서 아이템은 '미리 캔버스'를 이용해 만들어 보려 한다.

[그림 2-2-86] 제페토 스튜디오

먼저 제페토 스튜디오 홈페이지(https://studio.zepeto.me/kr)로 들어간다.

화면 중간에 '시작하기'를 클릭한다.

[그림 2-2-87] 계정 입력

제페토 계정을 입력하고 로그인을 클릭한다.

[그림 2-2-88] 만들기 - 아이템 선택

왼쪽 상단에 +만들기를 클릭하고 아이템을 선택한다.

[그림 2-2-89] 아이템 선택하기

제작할 아이템을 선택한다. 여기서는 '크롭탑'을 선택해 보았다.

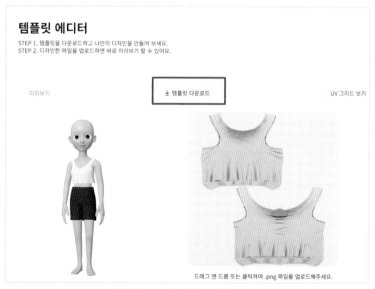

[그림 2-2-90] 템플릿 다운로드

템플릿 도안이 보이고 화면 상단에 '템플릿 다운로드'를 클릭한다.

[그림 2-2-91] 압축 풀기

그림 처럼 압축파일로 저장된다. 압축 파일을 해제한다.

[그림 2-2-92] 미리캔버스 검색

검색 창에서 미리캔버스를 검색한다. 사이트 주소(https://www.miricanvas.com/)를 직접
입력해도 된다.

[그림 2-2-93] 미리 캔버스 회원 가입하기

화면 오른쪽 상단 '5초 회원 가입'을 클릭한다.

[그림 2-2-94] 회원 가입

회원 가입은 이메일, 구글, 페이스북, 네이버, 카카오톡 중 하나를 선택하면 된다.

[그림 2-2-95] 새 디자인 만들기

화면 오른쪽 상단 '새 디자인 만들기'를 클릭한다. '직접 입력'을 선택해 이미지를 '512×512 px(픽셀)'로 지정해 주고 아래 '새 디자인 만들기'를 클릭한다.

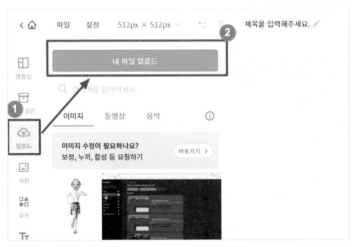

[그림 2-2-96] 템플릿 파일 업로드

제페토 스튜디오에서 다운받은 템플릿 파일을 업로드해야 한다.

화면 왼쪽 '업로드'를 선택하고 '내 파일 업로드'를 클릭한다.

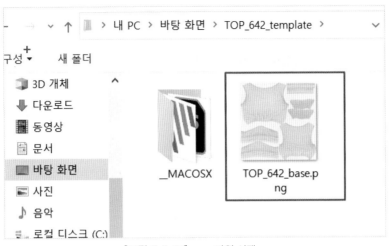

[그림 2-2-97] png 파일 선택

압축을 푼 파일 중 'PNG 파일'을 선택한다.

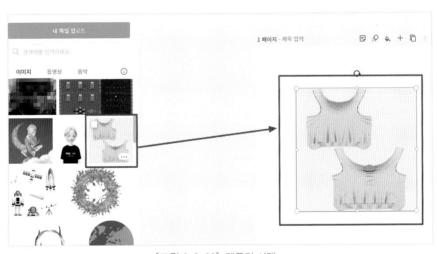

[그림 2-2-98] 템플릿 선택

업로드한 템플릿을 클릭하면 오른쪽에 자동으로 나타난다.

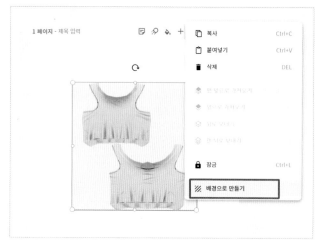

[그림 2-2-99] 배경으로 만들기

먼저 템플릿을 해당 이미지 크기에 맞게 배경으로 만들어 줘야 한다. 템플릿을 오른쪽 마우스를 클릭하여 '배경으로 만들기'를 선택한다.

[그림 2-2-100] 이미지 크기에 맞게 나옴

자동으로 미리 지정했던 크기의 이미지로 나타난다.

[그림 2-2-101] 크롭탑에 입힐 이미지 선택

템플릿 작업도 끝났으니 크롭탑에 입힐 이미지를 갖고 와야 한다.

왼쪽 화면 '요소와 사진'을 이용하면 된다. 배경은 사용이 불가하다. (현재 크롭탑이 배경으로 되어 있어 사용 불가)

여기서는 '요소'를 선택하고 보라색으로 그러데이션 되어 있는 이미지를 이용해 보았다.

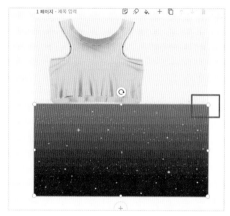

[그림 2-2-102] 이미지 크기에 맞게 확대

이미지를 클릭하면 그림처럼 흰색의 동그라미가 보인다. 그 동그라미를 마우스로
잡아당기면 확대할 수 있다.

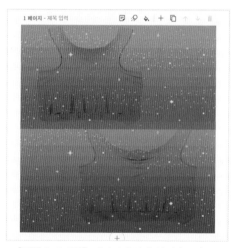

[그림 2-2-103] 이미지에 맞게 완성된 모습

크롭탑의 앞·뒷면에 똑같이 그러데이션을 적용하기 위해 반씩 나눠서 이미지 크기
를 맞췄다. 그냥 모바일처럼 하나로 전체를 덮어도 된다.

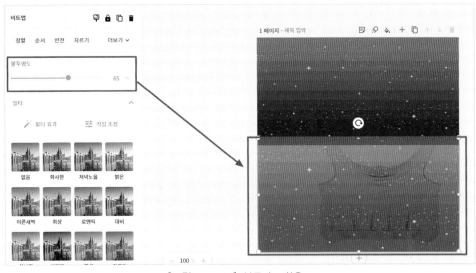

[그림 2-2-104] 불투명도 활용

크롭탑 앞면에 글자를 넣기 위해 불투명도를 활용해 보았다. 불투명도를 이용하면 하단에 보이지 않는 이미지가 보이기 때문에 글자를 넣을 때 좋다.

글자를 넣으려면 왼쪽 메뉴에서 '텍스트'를 선택하면 된다. 그림 오른쪽에 텍스트 종류에 따른 샘플들을 볼 수 있다. 이 중 하나를 선택해서 사용하면 편리하다.

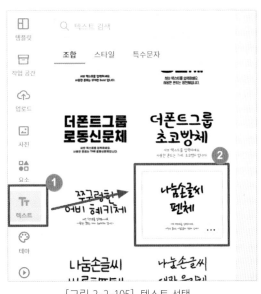

[그림 2-2-105] 텍스트 선택

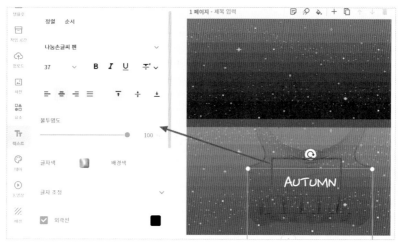

[그림 2-2-106] 텍스트 편집

앞면에 가을을 뜻하는 'AUTUMN'을 영문으로 넣어 보았다. 글자를 선택하면 왼쪽 화면에 편집할 수 있는 창이 뜨니 스타일에 맞게 활용하면 된다.

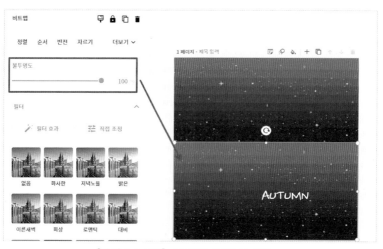

[그림 2-2-107] 불투명도 100으로 변환

글자 입력이 끝났다면 다시 의상 패턴의 불투명도를 100으로 변환해 준다.

[그림 2-2-108] PNG로 저장하기

이제 저장만 하면 된다. 화면 오른쪽 상단 '다운로드'를 클릭하고 'PNG'를 선택 후 '빠른 다운로드'를 클릭한다.

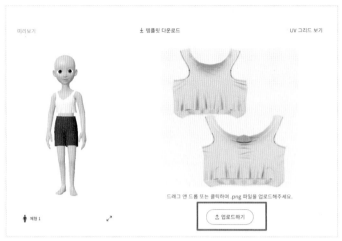

[그림 2-2-109] 업로드하기

다시 제페토 스튜디오 사이트로 돌아와서 '업로드하기'를 클릭한다.

만약 위 화면을 찾지 못했다면 [그림 2-2-89] 아이템 선택하기를 클릭하면 볼 수 있다.

[그림 2-2-110] 아이템 확인

업로드가 끝나면 아이템이 캐릭터에 잘 맞는지 살펴보고 '확인'을 클릭한다.

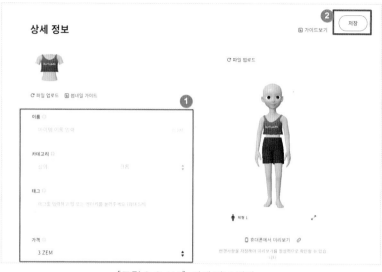

[그림 2-2-111] 상세 정보 입력

아이템의 상세 정보(이름, 카테고리, 태그, 가격)를 입력하고 '저장'을 클릭한다.

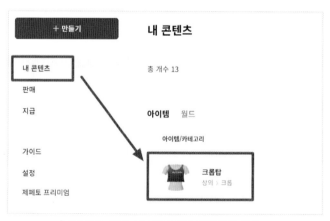

[그림 2-2-112] 내 콘텐츠에서 만든 작품 확인

내 콘텐츠에서 만든 작품이 있는지 확인한다.

[그림 2-2-113] 휴대폰에서 미리 보기

이제 내 캐릭터에 의상을 입힌 모습을 확인해 보겠다. 이는 휴대폰 제페토 앱에서만 확인이 가능하다.

크롭탑 오른쪽 점 세 개(...)를 클릭하고 '휴대폰에서 미리 보기'를 선택한다.

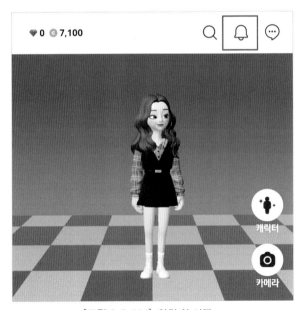

[그림 2-2-114] 알림 창 선택

휴대폰에 설치된 제페토 앱을 열어 '알림 창'을 선택한다.

[그림 2-2-115] 아이템 미리 보기 안내

알림 창에 '아이템을 미리 보기 하시려면 여기를 누르세요' 화면을 선택한다.

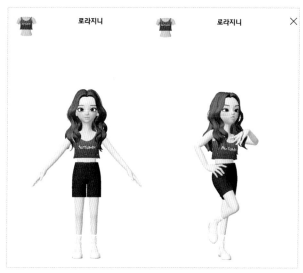

[그림 2-2-116] 아이템 이미지 확인

아이템이 제대로 만들어졌는지 확인한다. 대부분 앞면보다 뒷면이 이상한 경우가 있으니 꼭 360도 전체를 확인해 준다.

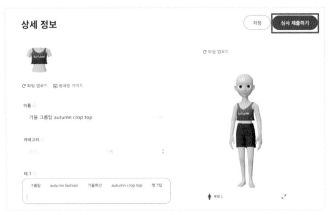

[그림 2-2-117] 심사 제출하기

아이템 확인이 끝났다면 제페토 스튜디오(PC 화면) 상세 정보 창에서 '심사 제출하기'를 클릭한다.

[그림 2-2-118] 심사 가이드라인 확인

혹시 타인의 저작물을 무단으로 사용한 것인지, 심한 욕설 및 폭언 등이 담겨 있는지에 대한 심사 가이드라인 확인 창이 뜬다. 해당 내용과 관련이 없다면 하단에 '심사 제출하기'를 클릭한다.

[그림 2-2-119] 검토 상태가 '제출됨'으로 변경됨

심사 제출하기 된 아이템은 그림처럼 검토 상태가 '제출됨'으로 변경된다.

(3) 이것만은 알아 두자

① 심사 제출 수량

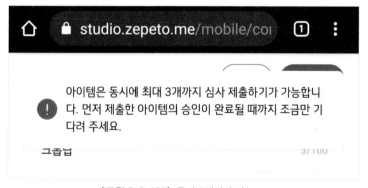

[그림 2-2-120] 동시 3개까지 가능

아이템 심사 제출 수량은 동시에 최대 3개까지 가능하다. 아이템 승인 완료되기 전에는 추가로 제출할 수 없다.

② 심사 기간

심사 제출하기

아이템이 만족할 수준까지 완성되었다면 아이템 배포를 위해 제페토 스튜디오에 제출할 수 있습니다. 제출된 아이템은 제페토를 통해 서비스됩니다.

고객님의 아이템이 사용자들에게 서비스되기 전에 아이템이 아래의 내용들을 준수하는지 검토합니다.

- 제페토 이용약관 및 제페토 스튜디오 이용약관
- 제페토 스튜디오 심사 가이드라인

심사 기간은 주말, 휴일을 제외한 영업일 기준으로 **최대 2주 정도가 소요**됩니다.

[그림 2-2-121] 심사 기간

심사 기간은 주말, 휴일을 제외한 영업일 기준 최대 2주 정도가 소요된다.

③ 이미지는 전체 크기로 지정하기

[그림 2-2-122] 이미지는 전체를 덮어야 함

위 그림처럼 제공되는 템플릿 위에 전체 크기로 하지 않으면 다른 아이템과 달리 평면으로 보이게 된다. 구매자 화면에도 똑같이 보인다.

④ 판매 내역 확인하는 법

[그림 2-2-123] 판매 내역 확인

내 아이템이 판매되었다면 '판매'를 선택하여 내역을 볼 수 있다.

참고로 강아지 크롭탑은 미리 캔버스, 핑크색 스니커즈는 모바일로 만든 것이다. 어느 것으로 만들어도 판매가 되니 꼭 도전해 보자.

⑤ 얼마를 벌어야 지급이 될까?

[그림 2-2-124] 지급 가능 범위

개인 크리에이터의 판매 화폐는 '젬'이다. 제페토 스튜디오에서 '지급'을 선택하면 현재까지 수익을 확인할 수 있다. 지급 요청 기간은 매월 25일부터 30일 사이이며, 지급 요청 금액은 '5000 ZEM(젬)이 되어야 현금화가 가능하다.

4) │ 제페토 맵 만들기 - 빌드잇(build it)

마지막으로 제페토에서 맵을 만들어 보겠다.

(1) 빌드잇 설치

[그림 2-2-125] 제페토 스튜디오 빌드잇

먼저 제페토 스튜디오에서 화면 위 '콘텐츠'를 클릭한다. 맨 아래'빌드잇'을 클릭한다. 사이트에 https://studio.zepeto.me/products/buildit 링크를 입력하면 빌드잇 사이트로 직접 들어 갈 수 있다.

[그림 2-2-126] 컴퓨터 권장 사양

빌드잇을 이용하기 위한 컴퓨터 기본 사양이다. 운영 체제(OS)는 윈도우 10 또는 맥 OS Mojave 이상, CPU는 intel i5 이상, 메모리 8GB RAM 이상, 그래픽 Geforce GTX 660 이상, 해상도는 1280×720 이상, 여유 공간 500MB 이상이다.

한마디로 오래된 컴퓨터가 아닌 이상 대부분 PC에서는 구동된다고 보면 된다.

[그림 2-2-127] 다운로드 화면

빌드잇은 모든 것을 무료로 제공하며, 현재 PC에서만 사용 가능하다.

본인의 컴퓨터에 맞는 운영 체제를 선택한다. 맥을 사용하지 않는 이상 왼쪽 'Windows'를 클릭한다.

[그림 2-2-128] 빌드잇 설치

빌드잇을 설치하는 창이 뜨는데 'PC에 ZEPETO build it을 설치할까요?'라는 내용이
뜨면 '다음'을 클릭한다.

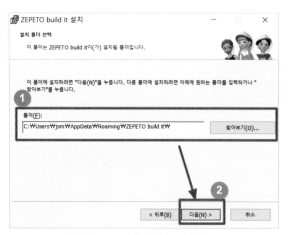

[그림 2-2-129] 설치 폴더 선택

설치할 폴더를 선택하라는 창이 나타나면 다른 폴더에 설치하지 않는 이상 그냥 나
타난 폴더를 이용하고 '다음'을 클릭한다. 만약 다른 폴더에 저장할 거라면 '찾아보기'
를 눌러 경로를 지정해 주면 된다.

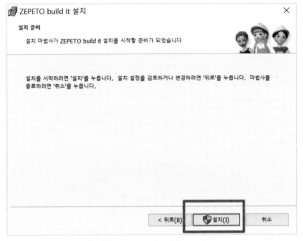

[그림 2-2-130] 설치 준비

빌드잇 설치를 시작할 준비가 되었다는 창이 뜨면 '설치'를 클릭한다.

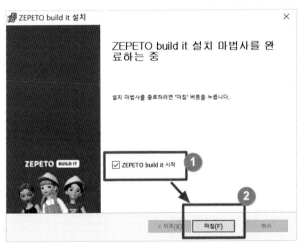

[그림 2-2-131] 설치 완료

설치가 완료되면 'ZEPETO build it 시작'에 체크하고 '마침'을 클릭한다.

[그림 2-2-132] 계정 로그인

제페토 계정 로그인을 한다.

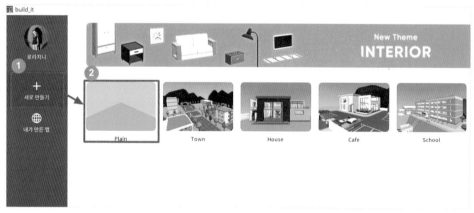

[그림 2-2-133] 빌드잇 화면

먼저 '새로 만들기'를 클릭하고 비어 있는 공간 'Plan'을 선택한다.

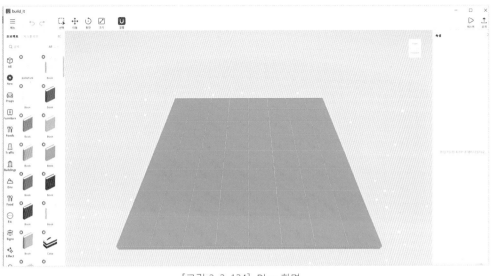
[그림 2-2-134] Plan 화면

'Plan'을 선택하면 위의 그림처럼 맵을 만들 수 있는 텅 빈 화면이 보인다.

(2) 기본 툴 알아보기

먼저 기본 툴에 대해 알아보겠다.

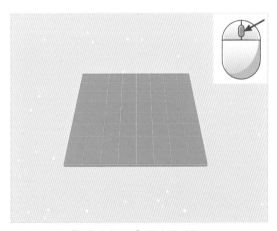

① 줌인 & 줌아웃

마우스 가운데 휠을 위로 올리면 줌
인, 아래로 내리면 줌아웃이 된다.

[그림 2-2-135] 줌인, 줌아웃

② 화면 이동

'스페이스바 + 왼쪽 마우스 클릭(마우스 가운데 스크롤을 꾹 눌러도 똑같은 기능을 함)'하면 화살표 모양이 손바닥 모양으로 바뀐다. 이때 상, 하, 좌, 우로 화면을 이동할 수 있다.

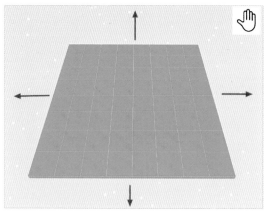

[그림 2-2-136] 화면 이동

③ 여러 각도로 보는 법

맵을 제작하다 보면 여러 각도로 보면서 작업하게 된다.

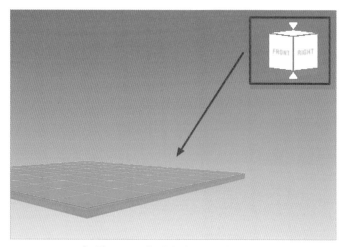

[그림 2-2-137] 여러 각도로 보기 가능

오른쪽 화면 상단에 '정사각형' 모양의 화살표를 클릭하면 여러 각도로 보기가 가능하다.

(3) 오브젝트

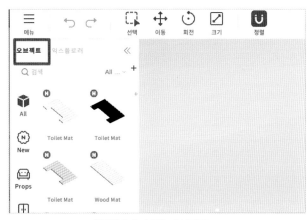

[그림 2-2-138] 오브젝트

왼쪽 상단에 보이는 '오브젝트'를 클릭하면 아래 다양한 '오브젝트' 사용이 가능하다.

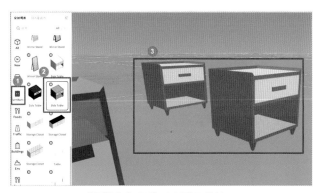

[그림 2-2-139] 오브젝트 설치

맵 위의 오브젝트를 설치해 보겠다.

먼저 설치할 오브젝트를 선택한다. 여기서는 가구(Funiture) -〉 사이드 테이블(Side table)을 설치해 보겠다. 사이드 테이블을 선택하고 맵 화면으로 가서 설치할 곳에 왼쪽 마우스를 클릭한다.

맵 위의 있는 오브젝트를 선택하면 오른쪽 화면에 속성이 나타난다.

이름, 위치, 회전, 크기도 변경할 수 있다. 기본적으로 크기가 X, Y, Z 크기가 1로 되어 있어 아주 작게 보인다. 설치 전 맵을 크게 확대해서 설치하는 것이 좋다.

오브젝트를 가까이에 보고 싶다면 해당 오브젝트를 클릭하고 영문 'F'를 누르면 된다.

[그림 2-2-140] 속성

또한 마우스에서 오브젝트를 사라지게 하고 싶다면 'ESC'키를 누르면 된다.

(4) 익스플로러

익스플로러는 오브젝트를 쉽고 간편하게 관리할 수 있다.

빌드잇의 '익스플로러'를 선택하면 월드와 오브젝트 카테고리를 볼 수 있다.

월드 안에는 지형, 하늘, 배경 음악, 플레이어 기능이 있고 오브젝트에는 내가 맵 위에 설치된 모든 오브젝트들이 나타난다.

[그림 2-2-141] 익스플로러

지금부터 기능들을 하나씩 알아보겠다.

① 월드 - 지형

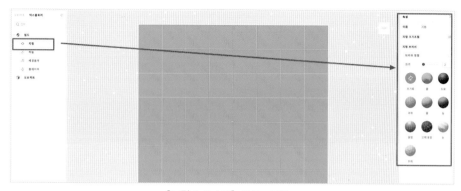

[그림 2-2-142] 월드 - 지형

월드에서 지형은 바닥 유형을 나타낼 수 있다.

지형을 선택하면 화면 오른쪽에 속성이 나
타난다. 지형 종류는 풀, 도로, 바위, 풀, 늪,
용암, 고체 용암, 눈, 모래를 표현할 수 있다.
지형 중 풀이 기본으로 깔려 있다.

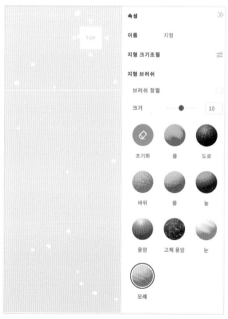

[그림 2-2-143] 지형 속성

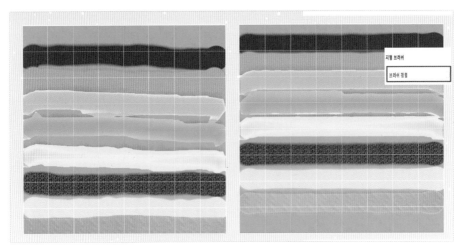

[그림 2-2-144] 좌: 브러쉬 정렬 선택하지 않은 경우, 우: 브러쉬 정렬 선택한 경우

속성에서 브러쉬 정렬을 선택하면 그림 오른쪽처럼 가지런하게 표현할 수 있다. 브러쉬 크기 설정으로 지형을 크고 작게 만들 수도 있다.

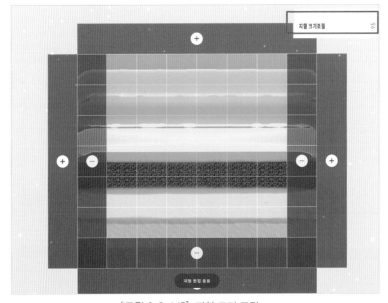

[그림 2-2-145] 지형 크기 조절

여기서는 지형의 크기 조절이 가능하다. 속성에서 '지형 크기 조절'을 선택하면 넓힐 수 있는 창이 뜬다. 플러스(+) 버튼을 선택하면 지형 크기 확대가 되며, 마이너스(-) 버튼을 선택하면 크기를 줄일 수 있다.

지형 편집이 끝나면 화면 하단에 '지형 편집 종료'를 클릭하면 된다.

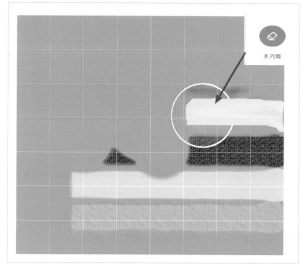

[그림 2-2-146] 지형 지우기

지형을 지울 때는 지우개 모양의 '초기화'를 선택하고 왼쪽 마우스를 누른 상태에서 드래그하면 지울 수 있다.

② 월드 - 하늘

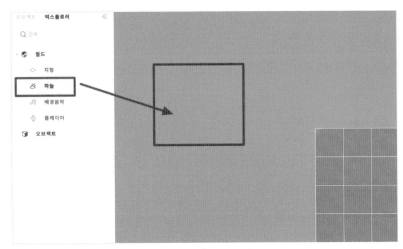

[그림 2-2-147] 월드 - 하늘

월드 - 하늘 기능은 하늘의 색을 변경시킬 수 있다.

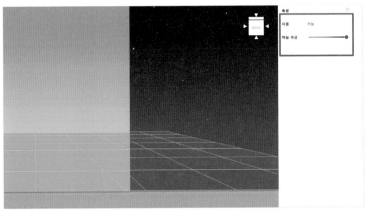

[그림 2-2-148] 하늘 색상 변화(낮과 밤)

속성에서 '하늘 색상'을 선택하면 위의 그림처럼 밝은색부터 어두운색 표현이 가능하다.
내가 만든 맵이 낮과 밤인지에 따라 색을 설정하면 된다.

③ 월드 - 배경음악

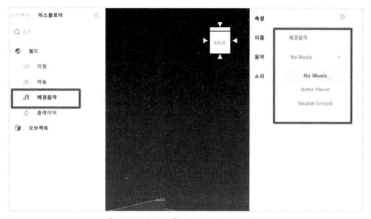

[그림 2-2-149] 월드 - 배경 음악

월드 - 배경 음악은 맵에 음악을 넣을 수 있다.

현재 사용 가능한 음악은 'Battle Planet, Neutral Ground' 두 종류뿐이다.

④ 월드 - 플레이어

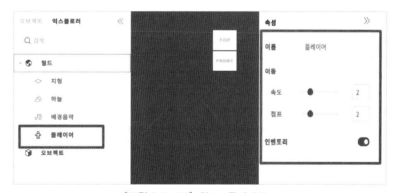

[그림 2-2-150] 월드 - 플레이어

월드 - 플레이어는 더 재미있는 플레이를 위해 캐릭터의 속도와 점프 레벨을 설정할

수 있다. 숫자가 높을수록 빨리 뛰고 높게 점프할 수 있다.

(5) 메뉴 및 상위 기능

① 메뉴

메뉴를 클릭하면 '홈, 저장, 새로 만들기, 내 정보, 설정, 종료' 기능이 있다.

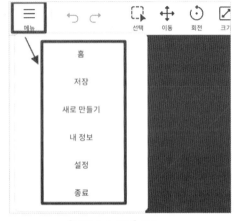

[그림 2-2-151] 메뉴

ⓐ 메뉴 - 홈

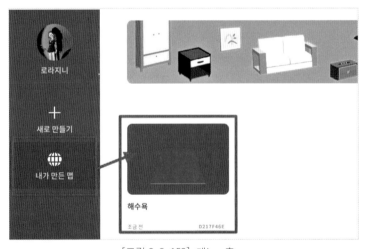

[그림 2-2-152] 메뉴 - 홈

메뉴에서 '홈'을 선택하면 빌드잇 홈 화면으로 갈 수 있다.

내가 만든 맵을 마우스 더블클릭하면 예전에 만들었던 맵 화면이 나타난다.

ⓑ 메뉴 - 저장

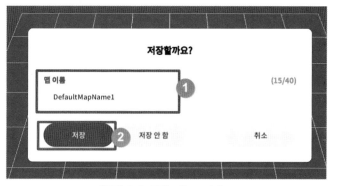

[그림 2-2-153] 메뉴 - 저장

메뉴에서 '저장'을 선택하면 '저장할까요?'라는 팝업 창이 뜬다. 맵 이름을 지정하고 저장을 클릭한다. 맵 이름은 최대 40자까지 가능하다.

[그림 2-2-154] 저장 완료 안내

메뉴에서 저장을 클릭하면 자동으로 저장되면서 '저장 완료! [내가 만든 맵]에서 확인할 수 있어요'라는 안내 팝업이 뜬다.

ⓒ 메뉴 - 맵 이름 수정하기

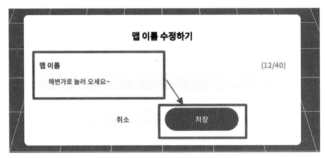

[그림 2-2-155] 메뉴 - 맵 이름 수정하기

메뉴에서 '맵 이름 수정하기'를 클릭하면 이름을 수정할 수 있다. 이 기능은 이미 저장된 맵인 경우에만 나타난다. 만약 새로 만드는 맵이라면 '맵 이름 수정하기'는 메뉴에 나타나지 않는다.수정이 끝나면 '저장'을 클릭한다.

ⓓ 메뉴 - 새로 만들기

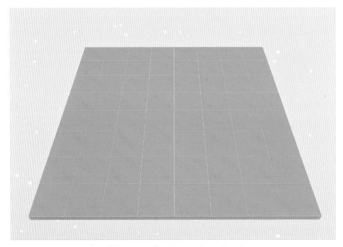

[그림 2-2-156] 메뉴 - 새로 만들기

메뉴에서 '새로 만들기'를 선택하면 새로운 맵이 나와 새로운 월드를 만들 수 있다.

ⓔ 메뉴 - 설정

설정을 열면 언어 변경이 가능하다. 변환 가능한 언어는 한국어, 영어, 일본어, 중국어가 있다. 또한, 제페토 맵에서 사용하는 단축키를 알 수 있다.

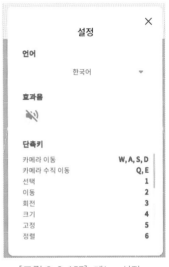

[그림 2-2-157] 메뉴 - 설정

② 상위 메뉴

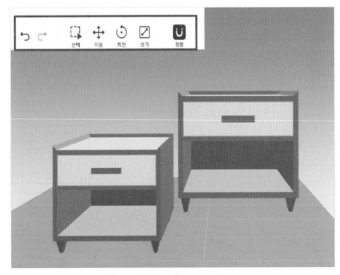

[그림 2-2-158] 상위 메뉴

맵에서 사용하는 상위 메뉴는 취소, 선택, 이동, 회전, 크기, 정렬 기능이 있다. 위의 오브젝트를 갖고 하나씩 알아보자.

ⓐ 되돌리기 & 다시 하기

맵이 잘못 제작된 경우 사용할 수 있는 기능이다. 상위 메뉴 중 화살표 모양이 두 개 보인다. 왼쪽 화살표는 되돌리기(Ctrl+z) 기능으로 마지막으로 했던 작업을 취소할 수 있다. 오른쪽 화살표는 다시 하기(Ctrl+y) 기능으로 취소했던 작업을 다시 실행할 수 있다.

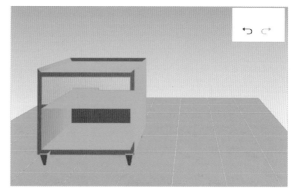

[그림 2-2-159] 되돌리기 & 다시 하기

ⓑ 선택

상위 메뉴 중 선택(단축키 숫자 1)을 클릭하고 오브젝트를 마우스로 클릭한다. 선택된 오브젝트는 그림처럼 파랗게 변한다.

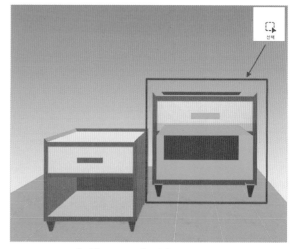

[그림 2-2-160] 선택(단축키 1)

ⓒ 이동

상위 메뉴 중 이동(단축키 숫자 2)
을 선택하고 오브젝트를 클릭하면
세 가지 색의 화살표가 나타난다.
화살표를 선택하면 좌, 우, 상, 하로
움직일 수 있다.

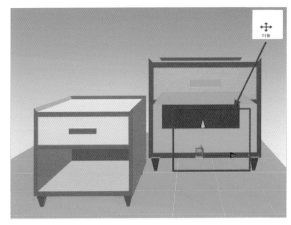

[그림 2-2-161] 이동(단축키 2)

ⓓ 회전

회전(단축키 숫자 3)을 선택하고 오
브젝트를 클릭하면 동그란 구가 나
타난다. 이 구의 선을 선택하면 360
도 회전이 가능해 옆의 그림처럼
오브젝트를 눕힐 수도 있다.

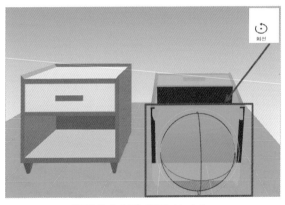

[그림 2-2-162] 회전(단축키 3)

ⓔ 크기

크기(단축키 숫자 4)를 선택하고 오브젝트를 클릭하면 세 가지 색의 네모 모양이 나타난다. 이 선을 이용해 크기를 전체적으로 확대, 축소도 가능하며 해당 위치 (X, Y, Z축 중 하나 선택) 도 늘리거나 줄일 수 있다.

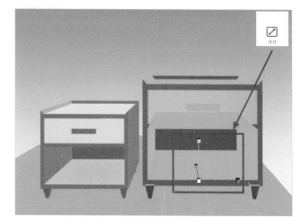

[그림 2-2-163] 크기(단축키 4)

ⓕ 정렬

정렬(단축키 숫자 6)을 활성화시키면(해당 기능이 파랗게 변함) 수직, 수평 안내선이 나타난다. 또한, 오브젝트가 위치 이동이 매끄럽지 않다. 하지만 여러 개를 복사해서 사용 시 일정한 거리 배치가 가능하다. 비활성화되면 옆의 그림처럼 안내선이 사라지고 오브젝트를 다른 위치로 매끄럽게 옮길 수 있다.

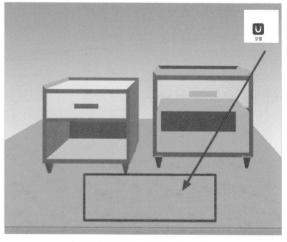

[그림 2-2-164] 정렬(단축키 6)

(6) 속성

맵의 오브젝트를 클릭하면 오른쪽 화면에 속성([그림 2-2-139] 참조)을 볼 수 있다. 속성에는 이름, 변환, 물리, 색상 4가지 기능이 있다.

① 이름과 변환

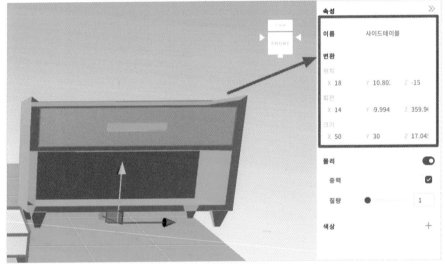

[그림 2-2-165] 이름 및 변환

오브젝트를 클릭하면 속성이 나타난다. 여러 가지 오브젝트를 이용하다 보면 어디위치한 것인지 헷갈리기 쉽다. 그럴 때 이름을 이용해 내가 잘 알아볼 수 있는 이름으로 변경한다.

변환은 오브젝트의 위치, 회전, 크기를 조절할 수 있다. 조절할 위치, 회전, 크기를 마우스를 클릭하면 수정 가능하다.

② 물리 효과(단축키 숫자 5)

물리는 오브젝트의 마찰 또는 바운스 효과를 주는 데 사용된다. 반대로 고정시킬 수
도 있다.

ⓐ 물리 효과 비활성(OFF)

[그림 2-2-166] 물리 효과 비활성

물리 효과를 비활성화면 오브젝트가 고정되어 있어 캐릭터와 충돌해도 움직이지 않
고 고정되어 있다. 공중에 점프 맵을 만들 때 유용하게 쓸 수 있다.

ⓑ 물리 효과 활성(ON)

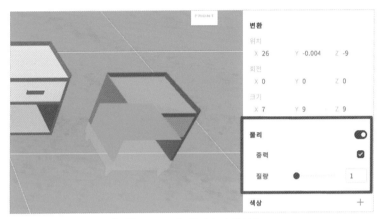

[그림 2-2-167] 물리 효과 활성화

물리 효과를 활성화시키면 질량을 조절할 수 있다.

[그림 2-2-168] 올라간 있던 오브젝트가 내려가 있음

물리 효과를 활성화시키면 캐릭터와 충돌할 경우, 오브젝트가 밀리면서 움직이게 된다. 특히 중력을 ON 할 경우, 맵에서는 위의 그림처럼 오브젝트를 위로 뛰어 놓아도 실행을 하면 자동으로 내려와 있다.

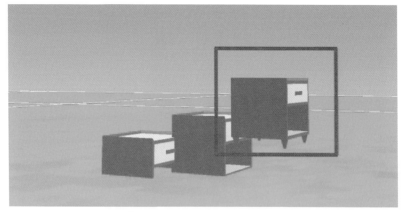

[그림 2-2-169] 중력 OFF 설정

물리 효과를 활성화시키고 중력을 OFF 했을 경우 공중에 배치한 오브젝트는 떠 있게 된다.

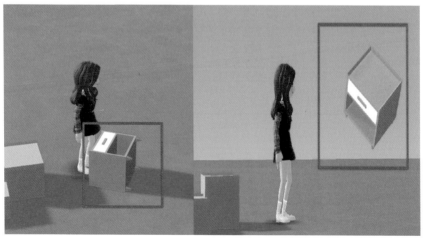

[그림 2-2-170] 오브젝트가 다시 공중으로 올라감

하지만 캐릭터가 위로 올라가면 오브젝트는 바닥으로 떨어지다 다시 공중으로 올라간다.

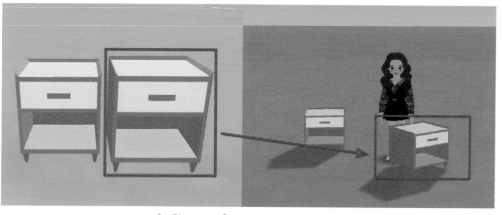

[그림 2-2-171] 질량을 다르게 준 경우

질량이 작으면 상대적으로 캐릭터보다 가벼워져 물리 효과가 더 크게 나타난다. 그림에서 왼쪽 테이블은 질량을 '50'으로 지정, 오른쪽 테이블은 질량을 '1'로 지정해 보았다.

테스트해 보니 왼쪽 테이블은 움직임이 없고 질량을 적게 준 오른쪽 테이블은 쉽게 움직였다.

③ 색상

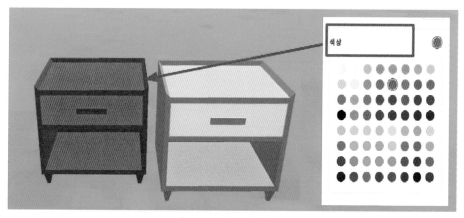

[그림 2-2-172] 색상

속성에는 오브젝트의 색상 변경이 가능하다.

색을 변경할 오브젝트를 클릭하고 속성 - 색상에서 적용할 수 있는 색을 선택하면 자동으로 색이 바뀐다.

(7) 오브젝트 활용

① 순간 이동 장치 만들기

Portal(포털) 오브젝트를 설치하면 맵을 돌아다니지 않고 특정 구간을 순간이동할 수 있다. 이때 Save Point(세이브 포인트) 오브젝트와 함께 사용된다.

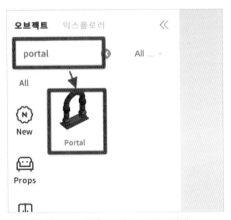

[그림 2-2-173] 포털 오브젝트 검색

먼저 오브젝트 검색 창에 'portal'을 치면 해당 오브젝트가 나타난다.

[그림 2-2-174] 포털을 맵에 설치

포털을 맵에 갖다 놓으면 '[Saver Point] 오브젝트와 함께 사용하라'는 팝업 창이 뜬다.

[그림 2-2-175] 세이브 포인트 오브젝트 검색

세이브 포인트 오브젝트도 검색한다.

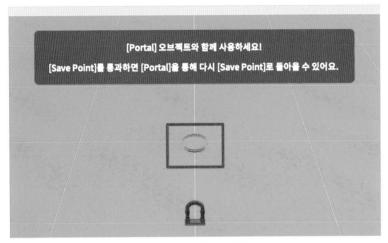

[그림 2-2-176] 세이브 포인트 설치

세이브 포인트를 설치하면 '[Portal] 오브젝트와 함께 사용하라'는 팝업 창이 뜬다. 이제 설치가 끝났다.

[그림 2-2-177] 세이브 포인트 올라가기

순간이동을 하려면 먼저 세이브 포인트에 올라간다.

[그림 2-2-178] 좌: 세이브 포인트 사용 전, 우: 세이브 포인트 사용 후

비어 있던 포털이 세이브 포인트 사용 후 문이 생긴 것을 볼 수 있다. 포털 문을 선택하려면 'Ctrl+ 왼쪽 마우스'를 클릭한다.

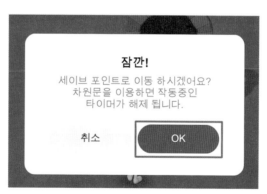

[그림 2-2-179] OK 선택

세이브 포인트로 이동할 것인지 물어보면 'OK'를 클릭한다.

[그림 2-2-180] 세이브 포인트로 순간이동

다시 캐릭터가 세이브 포인트로 순간이동한 것을 볼 수 있다.

② 타이머 만들기

Timer Start(타이머 스타트) 오브젝트와 Timer Finish(타이머 피니시) 오브젝트를 함께 사용하면 시간을 측정할 수 있다.

[그림 2-2-181] 타이머 스타트 오브젝트 검색

먼저 타이머 스타트 오브젝트를 검색한다.

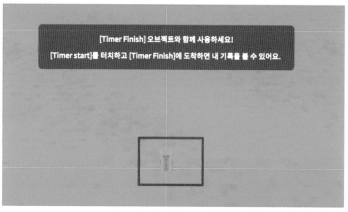

[그림 2-2-182] 타이머 스타트 오브젝트 설치

타이머 스타트 오브젝트를 설치하면 '[Timer Finish] 오브젝트와 함께 사용하라'는 팝업 창이 뜬다.

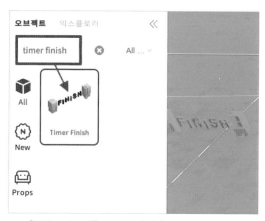

[그림 2-2-183] 타이머 피니시 오브젝트 검색

타이머 피니시 오브젝트를 검색한다.

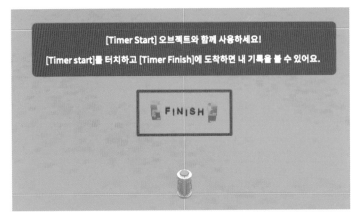

[그림 2-2-184] 타이머 피니시 오브젝트 설치

타이머 피니시 오브젝트를 설치하면 '[Timer Start] 오브젝트와 함께 사용하라'는 팝업이 뜬다. 이제 설치가 끝났다.

[그림 2-2-185] 타이머 스타트 상호작용

타이머 스타트에 가서 Ctrl+ 왼쪽 마우스를 클릭한다.

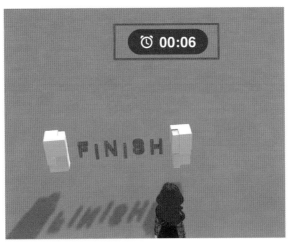

[그림 2-2-186] 타이머 나타남

화면 위의 타이머가 나타난다.

[그림 2-2-187] 타이머 피니시 도착

타이머 피니시 오브젝트에 도착하면 꽃가루가 날린다.

③ 이미지 넣기

제페토 빌드잇에도 이미지 추가가 가능하다. 단 오브젝트 중 'Custom'에서만 가능하다.

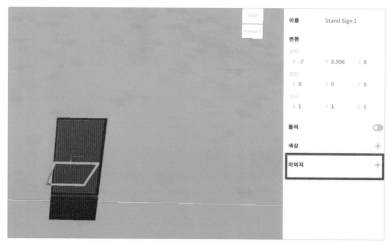

[그림 2-2-188] 커스텀 선택 시 속성에서 이미지가 추가됨

커스텀 항목을 선택하면 속성에서 이미지가 하나 더 생긴 것을 볼 수 있다. 이때 이미지를 클릭한다.

이미지를 추가할 수 있는 팝업 창이 뜬다. 하나의 맵에 최대 20개까지 사용할 수 있다. 추가됐으면 '확인'을 클릭한다.

[그림 2-2-189] 이미지 추가

오브젝트 크기에 맞게 자동으로 이
미지가 추가된 것을 볼 수 있다.

[그림 2-2-190] 오브젝트의 이미지 추가된 모습

(8) 완성된 맵 공개하기

이제 완성된 맵을 제페토 월드에 공개하는 단계만 남았다.

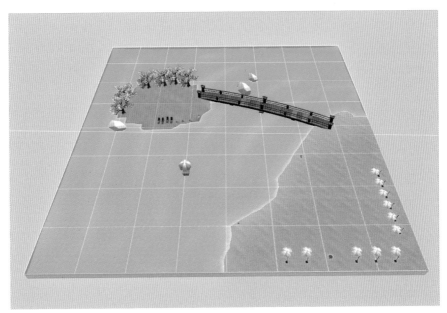

[그림 2-2-191] 맵 완성

맵이 완성되면 맵이 제대로 설치가 되어 있는지 테스트가 필요하다.

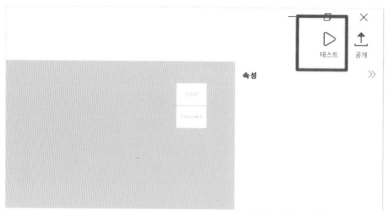

[그림 2-2-192] 테스트

맵 오른쪽 상단에 '테스트'를 클릭한다.

[그림 2-2-193] 테스트 화면

테스트로 들어가면 제페토 앱 안에 내가 만든 월드로 들어가 있는 모습을 볼 수 있다. 맵 자체에서 잘 보이지 않았던 문제점들도 캐릭터가 지나가면서 찾아낼 수 있다.

특히 바닥에 붙어 있어야 하는 오브젝트가 하늘로 떠 있는 경우가 종종 생기니 꼭 확인하는 습관을 갖는 게 좋다.

다시 맵으로 돌아가고 싶다면 'ESC 키'를 누르면 된다.

① 리뷰 신청하기

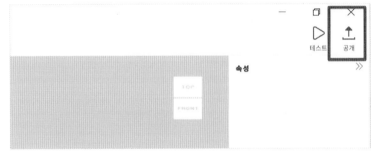

[그림 2-2-194] 공개

완성한 맵 오른쪽 상단에 있는 공개를 클릭한다.

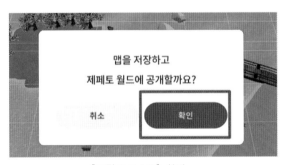

[그림 2-2-195] 확인

'맵을 저장하고 제페토 월드에 공개할까요?'라는 팝업 창이 뜨면 '확인'을 클릭한다.

[그림 2-2-196] 제페토 맵 내역 작성

제페토 월드에 공개할 맵 이름, 맵 소개, 섬네일, 맵 키워드 등 내용을 작성한다.
맵 이름은 최대 40자, 맵 소개는 최대 900자까지 가능하다.

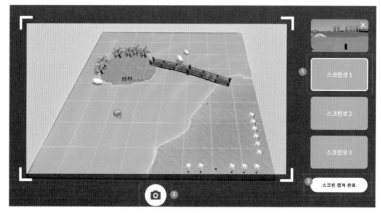

[그림 2-2-197] 스크린 샷

섬네일과 스크린 샷 추가 시 가지고 있는 이미지를 업로드하거나 [그림 2-2-197]처럼 맵의 사진을 캡처해서 올릴 수도 있다. 스크린 샷 이용 시 비어 있는 '스크린 샷'을 선택하고 위치를 맞춘 다음 '카메라'를 클릭한다. 그럼 비어 있던 스크린 샷의 사진이 추가되고 '스크린 캡처 완료'를 선택한다.

참고로 섬네일의 해상도는 1280×720px이다.

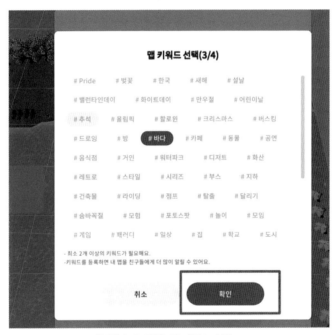

[그림 2-2-198] 맵 키워드 선택

다음에는 맵 키워드를 선택한다. 최소 2개 이상 키워드가 필요하다. 맵에 어울리는 키워드를 선택하면 노출이 더 잘 된다. 선택이 끝나면 '확인'을 클릭한다.

[그림 2-2-199] 리뷰 신청하기

모든 내용 작성이 끝나면 '리뷰 신청하기'를 클릭한다.

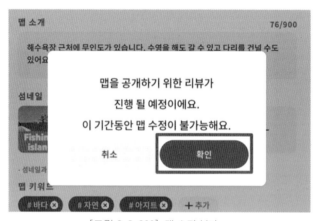

[그림 2-2-200] 맵 수정 불가

리뷰가 진행되는 동안 맵 수정이 불가하다는 팝업 창이 뜬다. 이때 '확인'을 클릭한다.

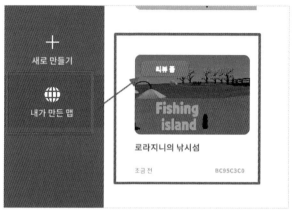

[그림 2-2-201] 리뷰 중

홈 화면에서 '내가 만든 맵'을 클릭하면 내가 만든 맵 위의 '리뷰 중'이라고 쓰여 있는 것을 볼 수 있다. 이제 결과만 기다리면 된다.

② 심사 가이드라인

검토 기간은 1~2주일 정도 소요된다. 크리에이터 맵 공개가 완료되면 제페토 앱의 알림으로 알려 준다.

빌드잇으로 제작한 맵은 심사 가이드라인을 통과해야만 제페토 앱에 공개된다.

맵 이름 작성 시 무성의하거나 타 콘텐츠 및 브랜드를 직접 포함이나 암시하는 경우, 섬네일 이미지의 완성도가 부족하거나 맵 내용과 상관없는 이미지를 사용한 경우, 홍보가 목적인 경우에는 거절될 수 있다. 그러므로 제출하기 전 꼭 심사 가이드라인에 맞게 맵을 제작하는 것이 좋다.

5) | 빌드잇으로 바다 꾸미기

빌드잇 기능도 알아봤으니 간단하게 바다 꾸미기를 해보도록 하겠다.

[그림 2-2-202] 빌드잇으로 바다 꾸미기

먼저, 빌드잇 프로그램을 연다.

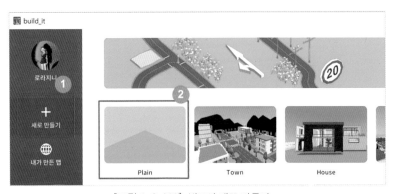

[그림 2-2-203] 빌드잇 새로 만들기

새로 만들기를 선택하고 여러 템플릿 중 비어 있는 'Plain'을 클릭한다.

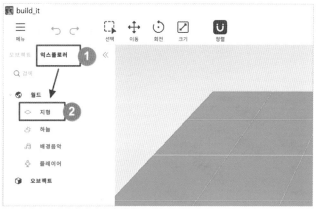

[그림 2-2-204] 지형 선택

모래사장이 있는 바다를 꾸며보려 한다. 익스플로러에서 지형을 선택한다.

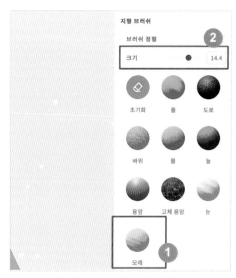

[그림 2-2-205] 모래 선택

여러 지형 중 '모래'를 클릭한다. 지형을 사용할 때는 크기를 크게 주고 사용하면 편리하다.

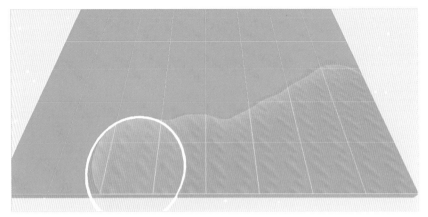

[그림 2-2-206] 모래 깔기

맵 위에 모래를 깔아 보겠다. 브러시의 크기를 크게 주면 쉽게 그릴 수 있다. 모래는 정형적이지 않으니 자유롭게 그려보자. 왼쪽 마우스를 클릭한 상태에서 드래그(왔다갔다 그리기)하면 된다.

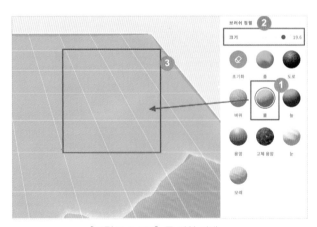

[그림 2-2-207] 물 지형 선택

모래 사장도 깔았으니 이제 바다도 표현해 보자. 지형 중 '물'을 선택해서 맵에 그린다. 물의 지형을 깔면 잔잔한 바다의 모습을 볼 수 있다.

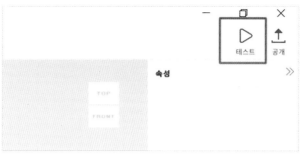

[그림 2-2-208] 테스트로 확인하기

지형을 깔았으면 어떻게 보이는지 확인할 필요가 있다. 화면 오른쪽 상단 위 플레이 모양의 '테스트'를 클릭한다.

[그림 2-2-209] 캐릭터가 맵 가운데 나타남

그냥 화면만 보더라도 물결 표현이 제대로 되어 있는 것을 볼 수 있다. 그런데 캐릭터가 바다 한가운데에 나타난다. 처음 등장할 위치를 정하는 오브젝트인 'Spawn'을 사용하지 않으면 기본적으로 맵의 가운데에 나타나게 된다.

캐릭터가 바다 한가운데서 나타나지 않도록 다른 위치에 스폰을 설치해 주자.

스폰은 오브젝트에 있다. 옆의 그림처럼 'All'을 선택하고 검색 창에 'spawn'이라고 친다. 모든 오브젝트의 이름이 영어로만 되어 있으니 꼭 영어로 검색해야 찾을 수 있다. 여러 가지 스폰 중 하나를 선택한다.

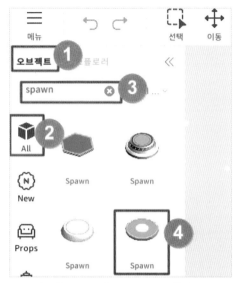

[그림 2-2-210] 스폰(Spawn) 찾기

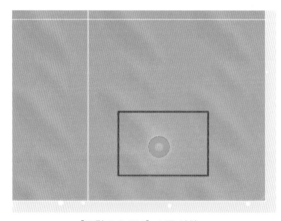

[그림 2-2-211] 스폰 설치

캐릭터가 나타날 장소에 스폰을 설치한다. 필자는 모래사장에 나타날 수 있도록 설치했다.

[그림 2-2-212] 테스트에서 스폰에 나타난 캐릭터

테스트로 들어가면 캐릭터가 스폰 위치로 나타나는 것을 알 수 있다.

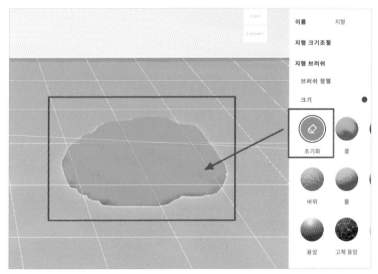

[그림 2-2-213] 무인도 설치

바다 한쪽에 무인도를 설치해 보자. 무인도는 풀이 무성하게 자란 모습으로 표현해 보려 한다. 지형 중에는 다른 지형을 덮일 수 있는 것도 있지만 '풀'은 불가능하다. 이럴 때 기본적인 맵에 깔린 지형이 '풀'이므로 초기화(지우개)를 이용해 지우면 된다.

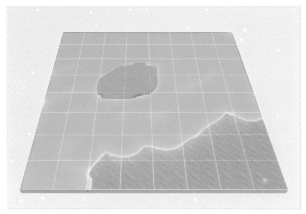

[그림 2-2-214] 바다 전체 모습

맵을 전체 화면으로 보니 모래사장, 바다, 무인도, 스폰이 설치된 것을 볼 수 있다.

[그림 2-2-215] 밤하늘 만들기

바다에 위치해 있는 지형이 모두 끝났다. 이제는 밤바다의 모습을 표현해 보고자 한다.
먼저 익스플로러에서 하늘을 클릭한다.

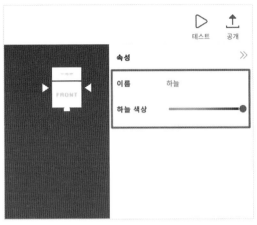

[그림 2-2-216] 하늘 색상 바꾸기

오른쪽 화면에 하늘 색상이 보인다. 오른쪽으로 갈수록 어두운색이 나타난다. 밤하늘을 표현할 것이기 때문에 맨 오른쪽으로 이동시켰다.

[그림 2-2-217] 밤하늘

테스트로 확인해 보니 밝았던 바다가 어두워진 것을 알 수 있다. 만약 밝은 하늘을 원한다면 하늘 색상을 왼쪽으로 이동시키면 된다.

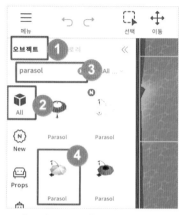

[그림 2-2-218] 파라솔 찾기

이제는 오브젝트를 이용하여 하나씩 필요한 것들을 설치해 보겠다. 먼저 모래사장 위에 파라솔을 설치해 보겠다. 오브젝트에서 'All'을 선택하고 검색 창에 'parasol'이라고 검색한다. 여러 개의 파라솔 중 하나를 선택한다.

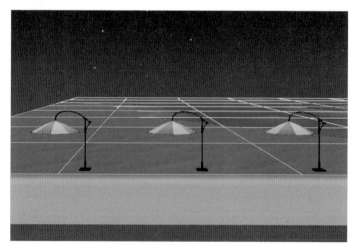

[그림 2-2-219] 파라솔 설치

파라솔을 모래사장 위에 설치해 보았다. 정렬을 이용하면 일정한 위치에 놓기 편하다.

파라솔의 크기가 적당한지 확인하기 위해 빌디를 선택해 보겠다. 여기서는 검색 창을 사용하지 않고 직접 오브젝트를 찾아보겠다. 오브젝트 카테고리 중 'Npc'를 클릭한다. 좀비 NPC와 빌디가 보이는 데 그중 빌디를 선택한다.

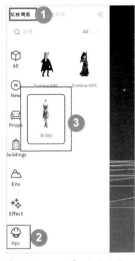

[그림 2-2-220] 빌디 선택

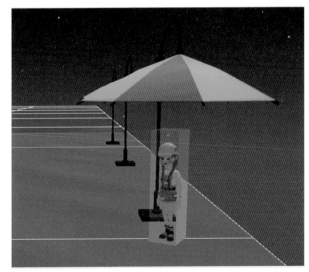

[그림 2-2-221] 크기 확인

빌디를 이용하는 이유는 제페토 캐릭터의 크기와 거의 같기 때문에 맵에서 크기를 정할 때 이용하면 편리하다. 빌디를 파라솔 아래에 설치해 보았다. 파라솔 크기가 적당해 보인다.

[그림 2-2-222] 실제 사용하는 캐릭터와 키가 비슷함을 알 수 있음

테스트에서 빌디에 가까이 가보았다. 캐릭터의 키와 비슷한 것을 알 수 있다.

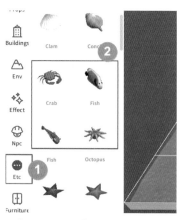

[그림 2-2-223] 해양동물 선택

파라솔 설치도 끝났으니 바다에 해양동물도 선택해 보겠다. 오브젝트 카테고리에서 'Etc'를 선택하면 여러 가지 바다 해양동물이 있다.

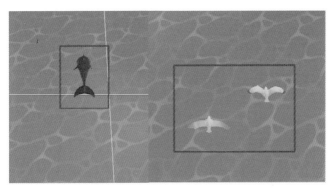

[그림 2-2-224] 맵에서도 움직임

물고기, 문어, 꽃게, 돌고래, 갈매기도 설치해 보았다. 움직이는 해양동물은 맵에서도 확인이 가능하다.

[그림 2-2-225] 물속에 가라앉은 갈매기

맵을 설치를 할 때마다 자주 테스트를 해봐야 되는 이유가 여기에 있다. 맵에서 갈매기를 설치했지만 테스트를 해보니 갈매기가 바다에 둥둥 떠 있는 것을 알 수 있다. 이런 문제점을 확인하고 수정을 할 필요가 있다.

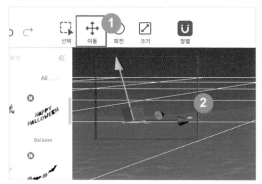

[그림 2-2-226] 이동 - 위로 올리기

갈매기를 위로 올리려면 기능 중 이동을 선택한다. 그럼 이동할 수 있는 화살표 모양이 나온다. 위로 올라와 있는 노란색 화살표를 올리면 갈매기가 올라간다.

[그림 2-2-227] 하늘 위로 올라가 있는 갈매기

테스트에서 다시 확인해 보면 바다에 떠 있던 갈매기가 하늘 위로 올라가 있는 것을 볼 수 있다.

[그림 2-2-228] 벚꽃선택

이번에는 무인도에 벚꽃을 심어 보려 한다. 오브젝트에서 'Env'를 선택하면 여러 가지 환경 관련 오브젝트들이 있다. 그중 'Cherry blossom'을 클릭한다.

[그림 2-2-229] 섬에 핀 벚꽃

벚꽃을 섬에 심어 보았다. 3그루만 넣었는데도 무인도가 따뜻해 보인다.

[그림 2-2-230] 달을 가린 벚꽃

맵에 달도 설치해 보았다. 테스트에서 보니 밤에 벚꽃 사이에 살짝 보이는 달이 너무 이쁘게 보인다.

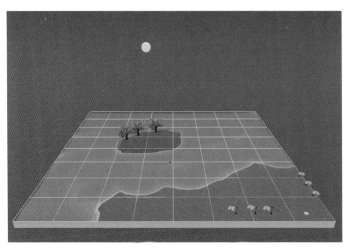

[그림 2-2-231] 맵에서 본 모습

맵에서 본 전체 모습이다. 그냥 맵에서 본 모습이라 자연스러움이 부족하다.

[그림 2-2-232] 테스트로 본 모습

하지만 테스트로 보았을 때는 많지 않은 오브젝트를 설치해도 분위기가 맵에서 보는 것보다 훨씬 자연스럽다. 그러니 꼭 맵을 설치하면서 중간중간 테스트를 해보는 것이 좋다.

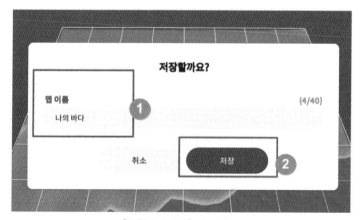

[그림 2-2-233] 맵 저장

바다 꾸미기가 끝났다면 단축키 'Ctrl+S'를 눌러 맵 이름을 적고 저장을 클릭한다.

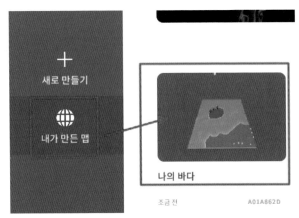

[그림 2-2-234] 내가 만든 맵에서 확인 가능

저장한 맵은 '내가 만든 맵'에서 확인이 가능하다.

[빌드잇 바다 꾸미기 동영상]

03 게더타운

전 세계적으로 팬데믹 현상이 일어나면서 오프라인 생활이 어려워지기 시작했다. 그러다 보니 재택근무가 늘어나고 학교도 온라인 수업으로 전환되면서 줌이라는 플랫폼이 크게 등장했다. 비대면 시대의 필수품으로 자리 잡았다고 할 만큼 많은 사람이 이용하고 있다. 하지만 계속 화면을 응시하다 보니 30분이 지나면 참가자들은 극심한 피로감을 호소했다. 또한, 본인의 얼굴을 보여줘야 하는 것도 부담감으로 자리를 잡았다.

이럴 때 등장한 플랫폼이 바로 게더타운이다. 내 얼굴이 아닌 아바타를 이용할 수 있어 나의 사생활을 좀 더 보장해 줄 수 있으며 재미도 추가되었다. 하지만 아직 한글 버전의 설명서가 없다. 이 책이 게더타운 한글 버전 설명서 역할을 할 것이다.

1) 게더타운(Gather.town)이란?

게더타운은 미국 스타트업 회사인 '게더'를 설립한 공동창업자 필립 왕과 쿠마일 재퍼, 사이러스 타브리지가 만들었다. 클라우드 기반으로 실제처럼 가상공간에서 만나 대화도 하고 업무를 편하게 할 수 있도록 지원해 주는 온라인 플랫폼이다. 한마디로 모든 만남이 가능한 공간이라고 보면 된다.

게더타운은 현재 웹브라우저 크롬과 파이어폭스에서 최적화되어 있다. 하지만 마이크로소프트 엣지에서 사용해 봐도 구동이 잘 된다. 모바일 환경도 지원하지만 베타 버전이라 기능이 제한적이다.

특징으로 자유로운 대화가 가능하고 다양한 오브젝트를 이용할 수 있다. 또한, 새로운 맵 제작이 가능하며 귀여운 2D 캐릭터를 만날 수 있다.

컴퓨터 시스템 기본적인 사양은 2.4GHZ 듀얼코어, 8GB RAM 이상, 인터넷 속도는 다운로드 속도 10Mbps, 업로드 속도 3Mbps 이상일 때 게더타운 기능을 대부분 사용할 수 있다. 하지만 참여자 수가 20명이 넘는 경우 시스템이 불완전할 수 있다.

[그림 2-3-1] 게더타운 가격표

게더타운은 한 공간에 25명까지는 무료로 이용할 수 있다. 하지만 25명이 초과될 경우 비용을 지급해야 한다. 지급 기준은 2시간 이용 시 1인당 $2 추가, 하루 이용 시 1인당 $3 추가, 한 달 이용 시 1인당 $7가 추가된다.

2) | 게더타운 회원 가입 방법

게더타운 회원 가입 방법이다. 만약 그냥 행사나 모임에 참가자라면 회원 가입을 할 필요는 없다.

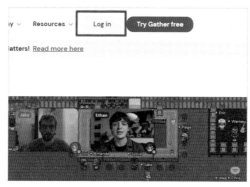

[그림 2-3-2] 게더타운 회원 가입

먼저 홈페이지 맨 위 오른쪽 상단에서 Log in을 클릭한다.

회원 가입 방법은 2가지가 있다.

첫 번째는 구글로 회원 가입하는 방법이다. 먼저 'Sign in with Google'을 클릭한다.

[그림 2-3-3] 구글로 회원 가입하기

구글 이메일을 입력한다. 입력이 끝나면
다음을 클릭한다.

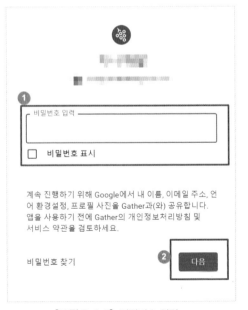

[그림 2-3-4] 구글 로그인하기

구글 아이디 비밀번호를 입력한 후 다음
을 클릭한다.

[그림 2-3-5] 비밀번호 입력

두 번째 회원 가입 방법은 구글 이외의 이메일을 이용하는 것이다.

[그림 2-3-6] 구글 이외 이메일로 회원 가입하기

구글 아이디가 없으면 다른 사이트 회원가입 이메일로 이용할 수도 있다. 예를 들어 네이버 이메일을 이용한다면 'Enter your email address'에 '*****@naver.com'이라고 친다. 다음 'Sign in with email'을 클릭한다.

구글 이외 이메일로 회원 가입을 하면 옆의 그림처럼 6자리 코드 번호를 넣으라는 창이 하나 더 나타난다. 코드 번호는 해당 이메일에서 확인할 수 있다.

[그림 2-3-7] 6자리 코드 번호 입력

[그림 2-3-8] 이메일에서 코드 번호 확인하기

이메일을 열면 위의 그림처럼 6자리 코드 번호가 발송된 것을 알 수 있다. 혹시 스팸 등록이 되어 있는 경우도 있으니 메일이 보이지 않는다면 스팸 메일을 확인해 보기 바란다.

지금까지 2가지 회원 가입 방법을 알아보았다. 둘 중 어떤 것을 선택해도 되지만 구글 이외의 이메일을 이용하면 매번 로그인을 할 때마다 6자리 코드 번호를 입력해야 한다. 이런 번거로움이 싫다면 구글 아이디를 이용하길 바란다.

3) 캐릭터 설정하기

회원 가입이 끝나면 자동으로 캐릭터를 설정하는 창이 뜬다.

[그림 2-3-9] 캐릭터 설정 화면

위의 그림처럼 귀여운 2D 캐릭터가 나타난다. 게더타운이 다른 메타버스 플랫폼과
또 다른 점이라면 캐릭터를 꼽을 수 있다. 아직 캐릭터의 종류는 많지 않지만 머리부터
발끝까지 변경이 가능하다.

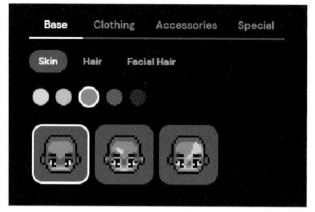

[그림 2-3-10] 피부색 변경

'Base'를 클릭하고 'Skin'을 선택하면 아래처럼 피부색 변경이 가능하다.

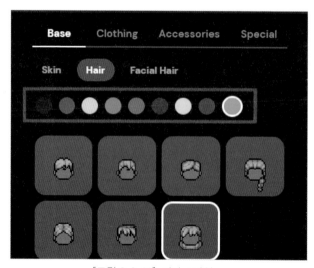

[그림 2-3-11] 머리 스타일

'Base'를 클릭하고 'Hair'를 선택하면 머리 스타일을 바꿀 수 있다. 빨간 테두리 안에
여러 가지 색이 보이는데 이것을 이용하면 머리카락 색이 바뀐다.

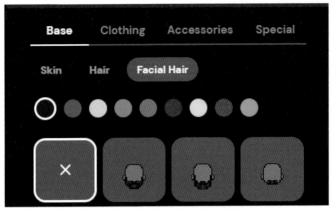

[그림 2-3-12] 수염 만들기

'Base'를 클릭하고 'Facial Hair'를 선택하면 수염도 붙일 수 있다.

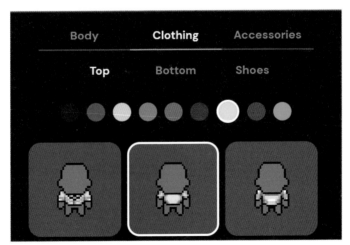

[그림 2-3-13] 의상 설정

캐릭터 설정 중 'Clothing'을 이용하면 상의, 하의와 신발도 바꿀 수 있다.

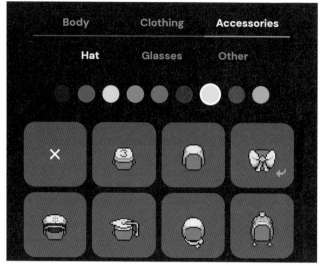

[그림 2-3-14] 액세서리

'Accessories'를 이용하면 모자, 안경, 마스크까지 세팅이 가능하다.
캐릭터의 필요한 플랫폼들은 다양성을 위해 계속 만들고 있는 중이다.

캐릭터 설정이 끝났다면 하단의 'Next Step'을 클릭한다.

[그림 2-3-15] 캐릭터 설정 완성

[그림 2-3-16] 캐릭터 이름 설정

캐릭터 설정이 끝났다면 이름을 설정해야 한다. 본명을 넣어도 되고 캐릭터의 닉네임을 만들어도 된다. 그날 상황에 맞게 이름을 넣는 것을 추천한다.

이름 설정이 끝나면 'Finish'를 클릭한다.

4) | 게더타운 방(Space) 만들기

캐릭터 설정이 끝나면 공간을 만들 수 있는 창이 나타난다. 여기서는 공간이라는 말 보다 이해하기 쉽게 방 만들기라고 하겠다.

[그림 2-3-17] 방 만들기

먼저 화면 왼쪽 상단에 있는 'My Spaces'를 선택하고 오른쪽 상단에 있는 'Creat Space' 를 클릭한다.

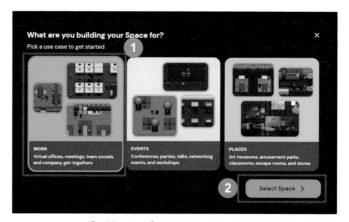

[그림 2-3-18] 방 만드는 목적 선택

위 이미지 처럼 방 만드는 목적을 선택하라는 팝업이 뜬다. 3개 타입 중 하나를 선택 하고 'Select Space'를 클릭한다.

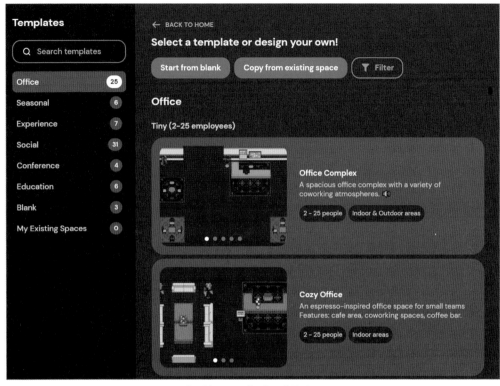

[그림 2-3-19] 기본 템플릿

　기본적으로 만들어져 있는 기본 템플릿 92종을 볼 수 있다.

　위의 그림처럼 종류로는 '사무실(Office), 기념일(Seasonal), 경험(Experience), 소셜(Social), 회의(Conference), 교육(Education), 빈 곳(Blank)'이 있다.

[그림 2-3-20] 템플릿 보는 법

　제공되는 템플릿에 마우스를 갖다 대면 방이 여러 개인 경우 위의 그림처럼 화살표 (〈, 〉) 모양을 볼 수 있다. 만약 방이 하나만 있다면 보이지 않는다.

　'2-25 people'은 이 방에 최대 수용 인원이 25명이라는 뜻이다.

　'Indoor & Outdoor areas'는 실내와 실외 모두 있다는 것을 보여 준다. 만약 실내만 있다면 'Indoor areas'라고 나타난다.

[그림 2-3-21] 필터 이용하기

다양한 종류의 플랫폼이 있다 보니 어떤 것을 선택하는 데 어려움이 있을 수 있다. 이럴 때 필터를 이용하면 좋다.

필터는 화면 상단 중간에 'Filter'를 클릭하면 된다. 그다음 수용할 인원(Number of users)을 선택하고 실내만 있으면 되는지 실외도 필요한지(Type of areas) 선택한 후 'Apply filter'를 클릭한다.

수용 인원을 25명 이내로 설정하고 방을 실내만 선택했더니 92개 템플릿 중 13개로 줄여진 것을 볼 수 있다.

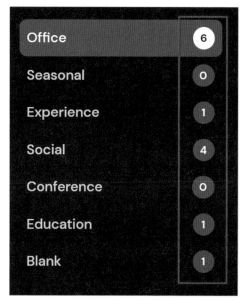

[그림 2-3-22] 필터를 이용한 템플릿 종류

필터를 이용하면 이렇게 제공되는 템플릿 중 종류에 따라 해당 수를 볼 수 있다. 위의 필터를 이용하니 Office 6개, Experience 1개, Social 4개, Education 1개, Blank 1개가 나왔다.

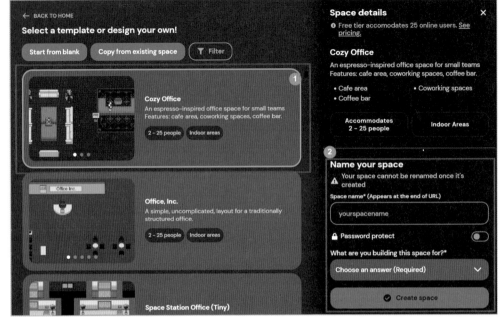

[그림 2-3-23] 방 선택

개설할 방을 골랐다면 왼쪽 마우스를 클릭한다. 선택된 템플릿을 초록색으로 테두리가 생긴다.

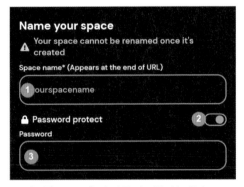

[그림 2-3-24] 방 이름 및 비밀번호 설정

방 선택이 끝나면 이름을 설정해 준다. 단 영문만 가능하다. 영문 'k'만 작성해도 된다.

방 개설 시 전체 오픈할 것이 아니라면 비밀번호 설정은 해주는 것이 좋다. ②번에 있는 아이콘을 클릭하면 활성화가 된다. 그때 ③번에 비밀번호를 넣는다.

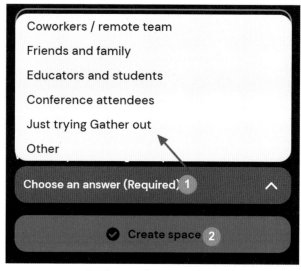

[그림 2-3-25] 방 개설 목적

방을 왜 만드는지에 대한 목적을 선택해야 한다. 업무용(Coworkers / remote team), 친목용(Friends and family), 교육용(Educators and students), 회의용(Conference attendees), 연습용(Just trying Gather out), 기타(Other) 중 하나를 선택한다. 선택이 끝나면 'Create space'를 클릭한다.

[그림 2-3-26] 카메라 및 마이크 상황 확인

방 이름 설정이 끝났다면 카메라 및 마이크 상황을 확인할 수 있는 창이 뜬다.

내가 이용하고 있는 카메라와 마이크 이름을 확인할 수 있다. 위의 얼굴이 보이는 화면 창에 마이크와 카메라가 꺼져 있는지 확인한다.

[그림 2-3-27] 카메라와 마이크가 꺼진 경우

만약 꺼져 있다면 위의 그림처럼 화면이 나타난다. 해제 방법은 빨간색 마이크와 카메라를 마우스로 클릭하면 된다.

상태 확인이 끝났다면 [그림 2-3-26]의 'Join the Gathering'을 클릭한다.

[그림 2-3-28] 튜토리얼 화면

입장이 끝나면 튜토리얼 화면이 나타난다. 여기서 기초적인 기능을 배울 수 있다. 어떤 기능이 있는지 확인했다면 'Skip Tutorial'을 클릭한다.

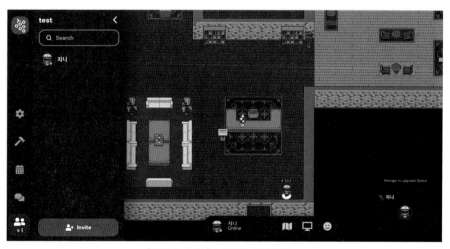

[그림 2-3-29] 방 개설 전체 화면

튜토리얼을 끝내면 진짜 방이 나타난다. 방 개설이 끝났다.

5) 게더타운 주요 기능 알아보기

(1) 이동하기

[그림 2-3-30] 이동하기

캐릭터를 움직이게 하려면 방향키(←, →, ↑, ↓)를 이용하거나 게임할 때 사용하는 영문(A, S, D, W)을 이용해도 된다.

(2) 미니맵(Minimap)

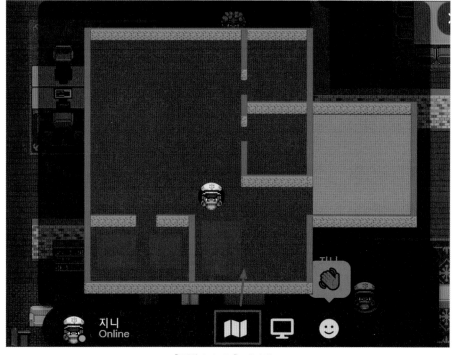

[그림 2-3-31] 미니맵

    게더타운의 방은 한 화면에 다 보이지 않는다. 그럴 때 미니맵을 이용하면 방의 구조를 볼 수 있다. 단 공간이 여러 개 있는 경우 해당 방으로 이동해야 볼 수 있다.

    화면 하단의 종이 모양 아이콘을 클릭하면 위의 그림처럼 이 방의 구조와 나의 위치를 파악할 수 있다.

(3) 화면 공유(Screenshare)

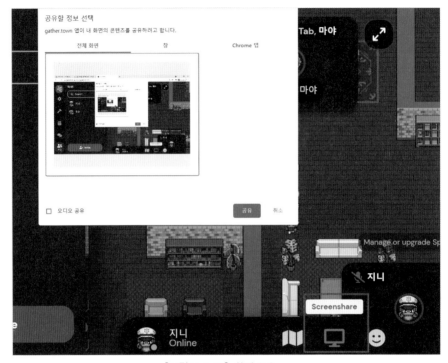

[그림 2-3-32] 화면 공유

게더타운에서도 줌처럼 화면 공유가 가능하다. 화면 중앙에 모니터 모양을 클릭한다.

[그림 2-3-33] 공유할 정보 선택

공유할 화면이나 파일을 선택한다. 선택은 마우스로 클릭하면 위의 그림처럼 파란색 테두리가 생긴다. 공유를 클릭한다.

컴퓨터에 저장되어 있는 파일을 공유할 때는 바탕화면에 파일이 열려 있어야 공유가 가능하다. 최소화했을 경우 사용 불가하다. 또한, 전체 화면이 아닌 '창'을 선택해야 볼 수 있다. (듀얼 모니터를 이용하는 경우 제외)

다른 사이트를 열어 공유하는 경우는 'Chrome 탭'을 선택하면 된다.

(4) 이모티콘 이용하기

게더타운에서도 종류는 많지 않지만, 이모티콘을 이용할 수 있다.

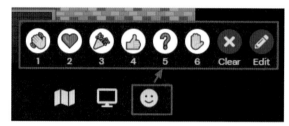

[그림 2-3-34] 이모티콘 이용하기

화면 하단 웃는 모양 아이콘을 클릭하면 6개의 이모티콘이 나타난다. 1번 손 흔들기, 2번 하트, 3번 폭죽, 4번 엄지척, 5번 물음표, 6번은 손들기 모양이다.

모양을 직접 클릭해도 되지만 아래에 있는 번호를 눌러도 사용이 가능하다. 'X(Clear)' 아이콘을 누르면 사라진다.

만약 자주 사용하는 이모티콘을 변경하고 싶다면 맨 오른쪽 'Edit'를 선택하면 수정이 가능하다. 단, 6번 손들기는 수정이 되지 않는다. 또한 다시 로그인해서 들어가는 경우 기본 이모티콘으로 변경된다.

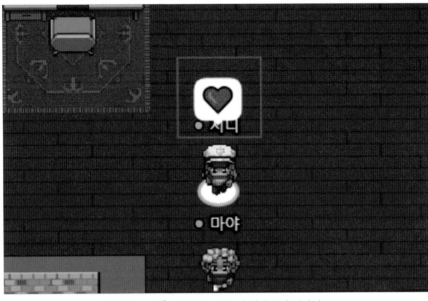

[그림 2-3-35] 이모티콘 사용 시 머리 위에 나타남

이모티콘을 이용하면 자기 캐릭터 머리 위에 모양이 나타난다.

이 중에서 1~5번은 3초 이내 모양이 사라지지만 6번은 직접 클릭하지 않는 이상 손들기가 사라지지 않는다. 사람들이 얼굴을 공유하지 않을 때 6번 손들기를 이용하면 편리하다.

(5) 초대하기(Invite)

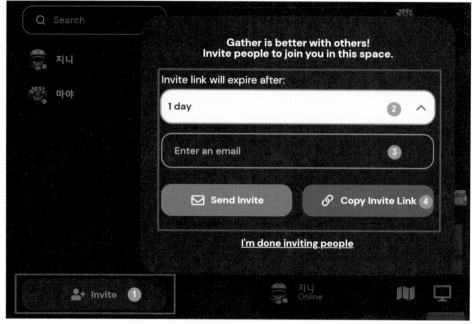

[그림 2-3-36] 초대하기

게더타운에서도 사람을 초대할 수 있다.

먼저 화면 왼쪽 하단에 'Invite'를 클릭하면 오른쪽 창이 나타난다. 초대 링크 만료 날짜를 정한다. 날짜는 1시간, 6시간, 12시간, 1일, 7일, 한 달 중 선택하면 된다.

초대 방법 중 이메일을 이용한다면 초대자 이메일을 작성하고 'Send Invite'를 클릭한다. 초대장이 해당 이메일로 발송이 되는데 현재 한 명씩 보내야 하는 어려움이 있다.

단톡방을 이용해서 초대할 경우는 링크를 보내는 게 편하다. ③번을 이용하지 않고 'Copy Invite Link'를 클릭하면 자동으로 복사가 된다. 복사된 링크를 단톡방에 붙여넣기를 하면 된다.

(6) 초대받은 게더타운 공간 들어가기

초대받은 사람이라면 회원 가입을 하지 않고도 초청한 게더타운 공간에 들어갈 수 있다.

[그림 2-3-37] 게더타운 링크 들어가기

초대를 받으면 이렇게 단톡방에 보내는 경우가 많다. 이때 PC를 이용(모바일은 현재 베타 버전으로 사용이 어려움)하여 받은 링크로 입장한다.

[그림 2-3-38] 비밀번호 입력

만약 비밀번호를 지정했다면 위의 그림이 나타난다. 이때 비밀번호를 입력한다.

비밀번호 입력이 끝나면 캐릭터를 설정하는 창이 뜬다. 여기서 미리 설정해도 되지만 입장 후 설정하는 게 좋다. 'Next Step'을 클릭한다.

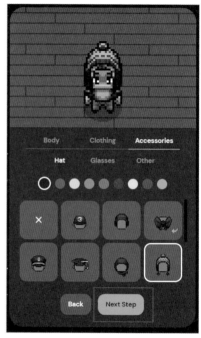

[그림 2-3-39] 캐릭터 설정

이름을 입력하고 'Finish'를 클릭한다.

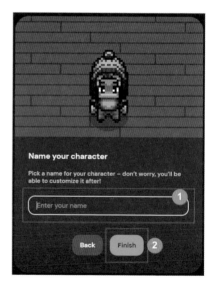

[그림 2-3-40] 이름 입력

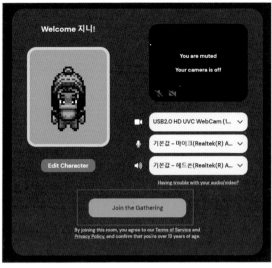

[그림 2-3-41] 입장하기

'Join the Gathering'을 클릭한다.

[그림 2-3-42] Skip Turorial

'Skip Tutorial'을 클릭하면 초대받은 공간이 나타난다.

(7) 상대방 찾는 법 3가지

① Locate on map 기능

[그림 2-3-43] Locate on map

상대방 찾는 방법 첫 번째 기능은 'Locate on map'이다.

왼쪽 참여자 화면에서 찾을 대상을 마우스로 클릭하면 오른쪽에 'Locate on map'을 선택한다.

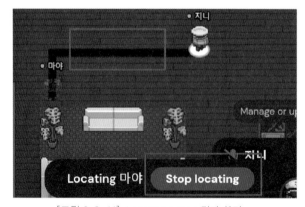

[그림 2-3-44] Locate on map 결과 화면

위의 그림처럼 상대방 위치까지 선이 생긴다. 그 길을 따라가면 만날 수 있다.

해제할 때는 화면 아래 'Stop locating'을 클릭하거나 그냥 방향키를 이용하면 된다.

② Follow 기능

[그림 2-3-45] Follow 기능

상대방 찾는 법 두 번째 기능은 'Follow'다.

왼쪽 참여자 화면에서 찾을 대상을 마우스로 클릭하면 오른쪽에 'Follow'를 선택한다.

[그림 2-3-46] Follow 결과 화면

자동으로 상대방이 있는 곳까지 이동한다. 'Locate on map' 기능처럼 방향키를 이용할 필요가 없다.

해제할 때는 화면 아래 'Stop following'을 클릭하거나 그냥 방향키를 이용하면 된다.

③ Move here 기능

[그림 2-3-47] Move here 기능

상대방 찾는 법 세 번째 기능은 'Move here'다.

이 기능은 화면에 상대방이 보일 때 사용이 가능하다. 먼저 상대방 캐릭터를 오른쪽 마우스를 클릭한다. 첫 줄에 'Move here'를 선택하면 'Follow' 기능처럼 자동으로 이동한다.

(8) 대화 기능 3가지

게더타운에서 사람들과 대화할 수 있는 3가지 방법이다.

① 가까이 다가가기

대화 기능 첫 번째는 가까이 다가가는 것이다. 우리가 다른 사람과 대화를 할 때도 가까이 가서 이야기하는 것과 같다.

[그림 2-3-48] 가까이 다가가면 대화 가능

위의 그림에서 보듯 캐릭터 지니와 로라는 진하게 보이지만 마야는 흐릿하게 보이는 것을 알 수 있다. 이렇게 게더타운에서도 떨어져 있으면 대화가 불가능하다.

② 버블 이용하기

대화 기능 두 번째는 버블 기능을 이용하는 것이다.

버블 기능은 귓속말을 하는 것과 비슷하다. 이 기능을 이용하면 주변의 소음이 줄어들어 서로 대화가 편해진다. 귓속말인 만큼 상대방에게도 아주 적은 소리로 들린다.

사람이 많은 공간에서 이용하면 좋다.

[그림 2-3-49] Start bubble

먼저 오른쪽 마우스로 클릭한다. 'Start bubble'을 선택한다. 이외에도 상대방을 왼쪽 마우스로 더블클릭해도 똑같은 기능을 쓸 수 있다. 단 아주 가까이 다가가야 한다.

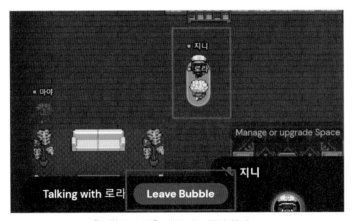

[그림 2-3-50] 버블 기능 결과 화면

버블 기능을 이용하면 위의 그림처럼 바닥에 색이 생긴 것을 볼 수 있다. 해제할 때는 아래 화면의 'Leave Bubble'을 클릭하거나 다른 곳으로 이동하면 자동 해제된다.

[그림 2-3-51] 세명 버블 사용 화면

이 기능은 기본적으로 7명까지 연결 가능하다. 연결된 사람들에게 다른 사람이 더블 클릭을 하거나 'Start Bubble' 선택하면 된다.

③ 개인 공간(Private Areas) 이용하기

대화 기능 세 번째는 개인 공간을 이용하는 것이다.

개인 공간 이용 시 주변의 소음이 전혀 들리지 않는다. 비대면 면접이나 학교 개인 면담 시 유용하다. 그 공간에 있지 않는 한 개인 공간에서의 대화도 들리지 않기 때문에 비대면 면접이나 학교 개인 면담 시 유용하다. 또한, 소그룹 회의할 때도 쓰면 좋다.

[그림 2-3-52] 개인 공간에서 대화하기

개인 공간에 들어가게 되면 주변이 어두워진다. 또한, 화면 아래 개인 공간에 들어 갔다는 안내 팝업이 뜬다.

(9) 메시지 보내는 방법 3가지

① 채팅 창 이용하기

[그림 2-3-53] 채팅 창 이용하기

메시지 보내는 방법 첫 번째는 채팅 창을 이용하는 것이다.

화면 왼쪽 하단에 말풍선 모양을 클릭한다. 누구에게 보낼 것인지 옵션을 사용해 수신인을 선택한다. 옵션의 내용은 다음과 같다.

▶ Everyone(모두) - 채팅 창에 있는 모든 사용자에게 표시된다.

▶ Nearby(주변 사람) - 게더타운 화면에 내가 보이는 사용자들에게 표시된다. 사용자와 대화가 가능한 사람, 개인 공간에 있는 사람들과 채팅이 가능하다.

▶ Individuals(개인) - 내가 선택한 특정인에게만 표시된다. 특정인에게 사적인 메시지를 보낼 때 편리하다.

옵션 선택이 끝나면 아래 'Message'란에 내용을 작성하고 엔터키를 누른다.

[그림 2-3-54] 채팅 내용 확인

띵똥 소리를 내며 채팅 창에서 내용 확인이 가능하다.

② 참가자 창 이용하기

메시지 보내는 방법 두 번째는 참가자 창을 이용하는 것이다. 이 기능을 이용하면 특정인에게 메시지를 보낼 수 있다.

[그림 2-3-55] 참가자 창 이용하여 메시지 보내기

참가자 창에서 메시지 보낼 상대방을 마우스 클릭한다. 오른쪽에 메시지를 보내는 칸에 입력하고 엔터키를 누른다. 메시지 확인은 모두 채팅 창에서 확인 가능하다.

③ 상대방 캐릭터를 선택하여 메시지 보내기

메시지 보내는 방법 세 번째는 상대방 캐릭터를 선택하여 메시지를 보내는 것이다.

해당 캐릭터를 마우스 오른쪽 클릭하고 'Send chat'를 선택하면 자동으로 채팅 창으로 이동한다. 메시지를 입력하고 엔터키를 누르면 된다.

[그림 2-3-56] 상대방 캐릭터 선택하여 메시지 보내기

(10) 캐릭터 변경

[그림 2-3-57] 캐릭터 변경하기

5) 게더타운 주요 기능 알아보기   233

처음 방 개설 시 캐릭터 설정이 안 되었거나 마음에 들지 않는다면 방 안에서 변경 가능하다.

화면 하단에 본인의 캐릭터를 클릭한다. 그럼 [그림 2-3-57]처럼 변경할 수 있는 창이 뜬다. 수정이 끝나면 하단에 있는 'Finish Editing'을 클릭한다.

(11) 상태 메시지 만들기

카카오톡처럼 게더타운에서도 상태 메시지를 만들 수 있다.

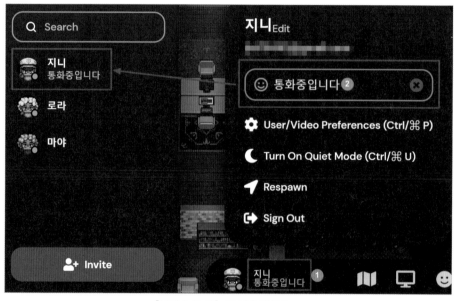

[그림 2-3-58] 내 상태 메시지

먼저 화면 하단 캐릭터 옆에 이름을 클릭한다. 상태 메시지를 입력하고 엔터키를 누른다.

웃는 모양을 클릭하면 이모티콘도 사용할 수 있다. 메시지 입력이 끝나면 참여자 창에 상태 메시지가 뜬다. 갑자기 자리를 비우게 될 때 이용하면 좋다.

(12) 마이크 & 비디오 끄기

[그림 2-3-59] 마이크 & 오디오 끄기

마이크 & 오디오는 본인의 화면 창에서 끌 수 있다. 다른 사람들의 화면 창은 위에 뜨지만 본인의 화면은 오른쪽 하단에 뜨게 된다. 화면에 마우스를 갖다 대면 마이크와 비디오 그림이 보인다. 이때 마우스로 클릭한다. 위의 그림처럼 빨갛게 되어 있다면 꺼진 것이다. 참고로 켰을 때 마이크와 비디오는 흰색으로 바뀐다.

(13) 상대방 마이크 & 비디오 끄기

회의하다 보면 본인이 마이크를 껐는지 모르는 경우가 있다. 꺼달라고 요청을 하더라도 마이크를 끄지 않는 참여자가 생기게 된다. 그대로 놔두면 하울링의 원인이 될 수 있으므로 게더타운에서는 중요하다.

[그림 2-3-60] 상대방 마이크 껐을 때

이럴 때 상대방의 마이크와 비디오를 모두 끌 수 있다. 위의 그림에서 마이크는 물리적으로 끈 것이고 카메라는 본인이 직접 끈 모습이다. 상대방이 끈 경우는 흰색의 빨간색이 그어져 있지만 본인이 끈 경우는 비디오 모양처럼 모두가 빨갛다.

상대방은 물리적으로 껐는지 알 수 없으므로 상대방이 발표할 때 목소리가 들리지 않는다면 물리적으로 마이크를 끈 것은 아닌지 살펴볼 필요가 있다.

단, 내가 상대방의 마이크를 끄더라도 다른사람들은 상대방과 대화나 소리를 들을 수 있다. 한마디로 나에게만 들리지 않는다.

마이크를 끄지 않더라도 옆의 그림처럼 볼륨을 이용하면 소리를 줄일 수도 있다.

[그림 2-3-61] 볼륨 조절 가능

(14) 스포트라이트(Spotlight) 기능

게더타운에서는 참여자 전체의 마이크 음소거를 한 번에 하는 기능이 없다. 대신 쓸 수 있는 것이 바로 스포트라이트 기능이다. 이 기능을 이용하면 방송실에서 이야기하는 것처럼 스포트라이트 권한이 있는 사람 목소리만 들을 수 있다. 많은 사람을 대상으로 발표할 때 사용하면 좋다. 동일 공간에 최대 100명의 사용자에게 방송이 되며, 초과될 경우 서버 연결이 끊어지거나 성능이 떨어질 수 있다. 또한, 개인 공간에 있는 참가자들에게도 방송된다. 단 공간이 완전히 분리되어 있는 장소(Portal 효과를 이용하여 이동이 가능한 방) 참가자들에게는 들리지 않는다. 그럴 때 그 공간으로 관리자가 직접 이동하여 스포트라이트를 사용해야 한다.

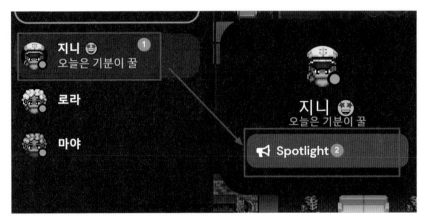

[그림 2-3-62] 스포트라이트

참여자 창에서 캐릭터를 클릭한다. 오른쪽에 확성기 모양의 스포트라이트를 선택한다.

[그림 2-3-63] 스포트라이트 권한 부여

스포트라이트 권한을 받은 사람은 화면 창에 주황색의 확성기 모양이 보이게 된다. 참고로 스포트라이트는 호스트만 다른 사람에게 권한을 줄 수 있다.

[그림 2-3-64] 스포트라이트 해제

스포트라이트 해제하는 방법도 부여하는 방법과 같다.

참여자 창에서 부여해 준 캐릭터를 클릭하면 오른쪽에 확성기 모양의 'Unspotlight' 을 선택하면 된다.

(15) 화이트보드 활용

게더타운에서는 여러 가지 활용할 수 있는 템플릿을 제공한다. 특히 제일 많이 사용하는 것이 화이트보드다.

[그림 2-3-65] 화이트보드 사용하기

화이트보드가 설치되어 있는 곳으로 캐릭터를 이동한다. 화이트보드의 테두리가 노란색으로 변한 것은 이용할 수 있다는 표시다.

왼쪽에 '화이트보드를 이용하려면 'X'를 누르라'(Press X to use shared whiteboard)는 팝업이 나타난다. 이때 영문자 'X'를 누르면 사용할 수 있다.

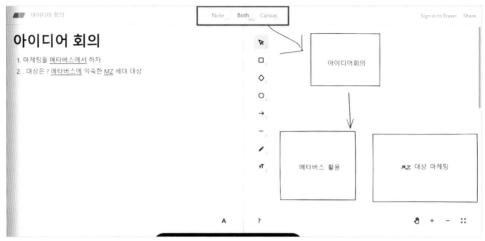

[그림 2-3-66] 화이트보드 활용

화이트보드를 이용하면 위의 그림처럼 다양하게 이용할 수 있다.

'Both'를 선택하면 두 개를 나눠서 이용 가능하고 'Note'를 선택하면 왼쪽 화면이 전체 화면으로 이용 가능하다. 'Canvas'를 선택하면 오른쪽 화면이 전체 화면으로 사용할 수 있다.

화이트보드는 삭제하지 않는 한 그대로 남기 때문에 수시로 사용이 가능하여 여럿이 아이디어나 회의 자료를 작성할 때 편리하다.

6) 게더타운 방 꾸미기(Gather Space)

게더타운에서는 자기만의 방을 꾸밀 수 있다.

(1) 오브젝트(Object) 설치

[그림 2-3-67] 오브젝트 설치

방을 꾸미려면 오브젝트를 이용하면 된다.

먼저 망치 모양(Build)을 클릭한다. 화면 상단에 'Build'를 선택한다. 'Open object picker'를 클릭한다.

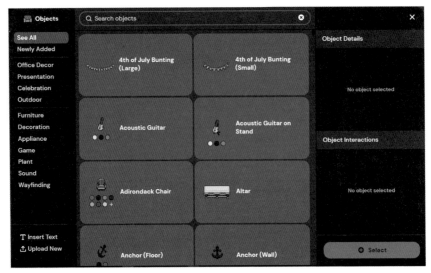

[그림 2-3-68] 다양한 오브젝트 제공

게더타운에서는 다양한 오브젝트를 제공하고 있다.

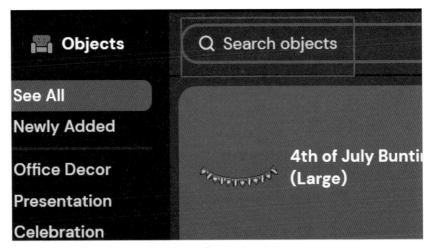

[그림 2-3-69] 오브젝트 검색

오브젝트의 검색 창을 이용하면 편리하다. 단 한글은 지원이 되지 않는다.

여기서는 TV를 설치해 보겠다. TV는 화이트보드 다음으로 다양하게 활용되고 있다.

검색 창에 TV라고 쳐도 되고 'Presentation'을 클릭하면 오른쪽에 나타난다.

선택된 오브젝트는 초록색의 테두리가 나타난다.

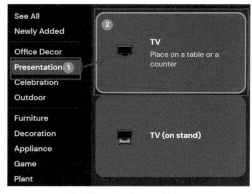

[그림 2-3-70] TV 설치

화면 오른쪽에 오브젝트 상세 정보가 뜬다.

옆의 그림처럼 상호작용이 가능한 기능에 파란색이 나타난다. 여기서는 비디오를 넣을 수 있다. 유튜브, Vemeo, 유튜브 라이브(라이브 스트리밍), Twitch(라이브 스트리밍) 또는 HTTPS 링크 삽입이 가능하다.

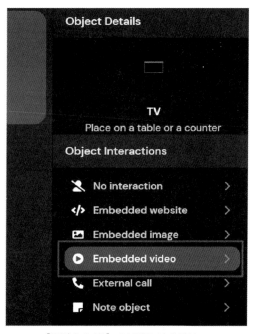

[그림 2-3-71] 오브젝트 상세 정보

컴퓨터에 저장되어 있는 파일은 업로드되지 않는다. 혹시 교육 영상이나 홍보 영상을 이용할 때는 URL을 이용해야 한다. 제일 좋은 방법은 유튜브를 개설하여 링크를 붙여넣기 하면 편리하다.

'Activation distance'는 어느 거리까지 캐릭터가 다가왔을 때 연결이 될 것인지 거리를 적는 공간이다. 기본적으로 '3'을 이용한다. 너무 넓게 거리를 주는 경우 다른 오브젝트와 겹칠 수도 있으니 적당히 사용하는 것이 좋다.

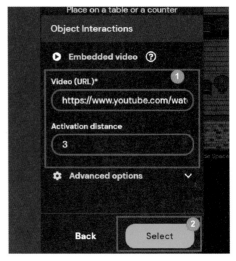

[그림 2-3-72] 동영상 URL 입력

[그림 2-3-73] 좌: 빌드 활성화(남색 배경이 있음), 우: 빌드 비활성화 모습

TV 놓을 위치에 마우스를 클릭하면 설치된다. 설치가 끝나면 망치 모양을 다시 클릭해서 비활성화시켜 주어야 한다.

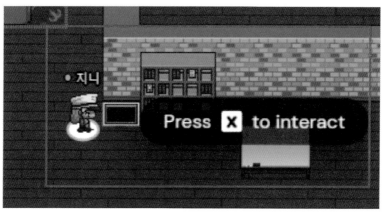

[그림 2-3-74] 동영상 보기

화이트보드처럼 TV 가까이 가면 노란 테두리가 생긴다. 영문 'X'를 누르라(Press X to interact)는 팝업이 뜬다. 이때 영문 'X'를 누른다.

[그림 2-3-75] 동영상 재생

가운데 플레이 버튼을 누르면 재생이 된다. TV를 선택한 사람들은 모두 함께 영상을 볼 수 있다.

① 글자(텍스트) 추가

[그림 2-3-76] 글자 추가하기

오브젝트 설치 기능에서 글자도 추가할 수 있다.

화면 왼쪽 아래 'Insert Text'를 클릭한다. 가운데 추가할 내용을 입력한다. 글자색은 넣을 수 없으나 크기 변경은 가능하다. 크기를 지정하고 'Create and select'를 선택한다.

[그림 2-3-77] 바닥에 글자를 추가한 모습

글자를 놓을 위치에 마우스를 클릭한다. 위의 그림과 같이 바닥에 글자가 추가되었다.

② 오브젝트(Object) 삭제

[그림 2-3-78] 오브젝트 삭제

오브젝트를 삭제하려면 먼저 망치 모양을 클릭한다. 상단에 'Erase'를 선택한다.

[그림 2-3-79] 오브젝트 삭제 표시

삭제할 위치에 마우스를 갖다 대면 작은 네모 모양이 나타난다. 이때 마우스를 클릭한다.

[그림 2-3-80] 글자 사라짐

'환영합니다'라는 글자가 삭제되었다.

③ 이미지 업로드

방을 꾸밀 때 컴퓨터에 저장되어 있는 이미지를 사용할 수 있다. 이미지는 PNG, JPG, WebP(웹피: 구글에서 만든 이미지 파일 포맷) 파일 사용이 가능하다. 이미지 크기는 최소 32px ×32px(픽셀)이어야 한다. 이는 게더타운 타일 한개의 크기와 동일하다.

망치 모양을 클릭한다. 빌드를 선택하고 아래 'Upload image'를 클릭한다.

[그림 2-3-81] 이미지 업로드

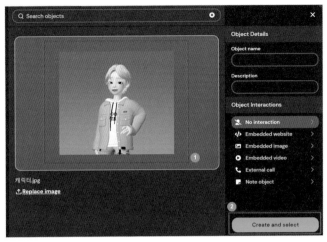

[그림 2-3-82] 이미지 업로드

이미지를 가운데 마우스로 끌어다 놓는다. 'Create and select'를 클릭한다.

[그림 2-3-83] 이미지 설치 화면

해당 위치에 마우스를 클릭하면 위의 그림처럼 이미지가 설치된다.

7) 맵 메이커 활용

기본적인 방을 꾸미기도 해 보았으니 이제는 실제로 맵 메이커를 이용해 만들어 보겠다.

[그림 2-3-84] 맵 메이커 들어가기

먼저 망치 모양(Build)을 클릭한다. 상단에 'Build'를 선택하고 하단에 'Edit in Mapmaker'를 클릭한다.

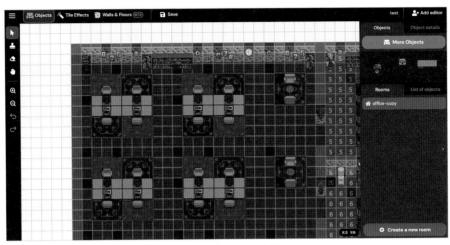

[그림 2-3-85] 맵 메이커 화면

맵 메이커 전체 화면 모습이다. 여기서 새로운 방도 추가할 수 있고, 있는 방을 리모 델링도 가능하다.

지금부터 맵 메이커 기능들을 하나씩 알아보겠다.

[그림 2-3-86] 메뉴 화면

먼저 맨 왼쪽 상단 메뉴(▤) 창을 열면 4가지 메뉴가 나타난다.

(1) 메뉴 화면

① Go to Space

'Go to Space'를 선택하면 내가 개설한 방으로 들어가지 않고 옆의 그림처럼 입장하기 전 창으로 들어가게 된다. 다시 'Join the Gathering'을 클릭하면 방으로 들어갈 수 있다.

[그림 2-3-87] Go to Space 선택 시

② Manage Space

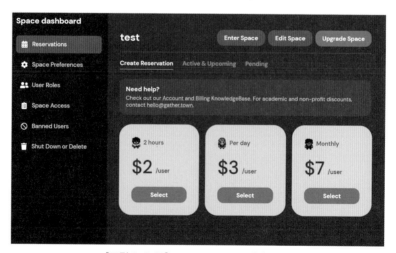

[그림 2-3-88] Manage Space 선택 시

'Manage Space'를 선택하면 대시보드 창이 뜬다.

③ Guides and Tutorials

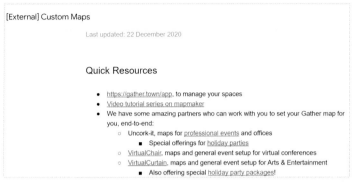

[그림 2-3-89] Guides and Tutorials 선택 시

'Guides and Tutorials' 선택 시 위의 그림처럼 게더타운 사용 설명들이 영어로 나열되어 있다.

④ Background & Foreground(배경과 전경)

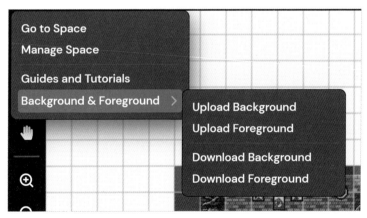

[그림 2-3-90] Background & Foreground

'Background & Foreground' 선택 시 전체 이미지를 다운받거나 외부 이미지를 갖고 올 수 있다. 특히 배경과 전경 모두 사용이 가능하다.

ⓐ Upload Background

갖고 있는 배경 이미지는 'Upload Background'를 이용해 사용할 수 있다.

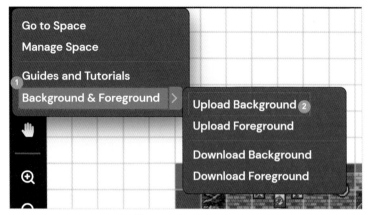

[그림 2-3-91] 배경 업로드

메뉴에서 'Background & Foreground'를 클릭한다. 'Upload Background'를 선택한다.

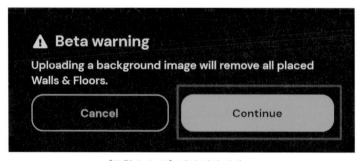

[그림 2-3-92] 베타 버전 안내

배경 이미지를 업로드하면 배치된 모든 벽과 바닥이 사라진다는 경고 창이 뜬다. 'Continue'를 클릭한다.

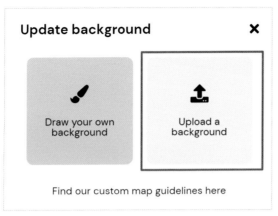

[그림 2-3-93] 배경 업로드

어떤 방식으로 배경을 만들 것인지 안내 창이 뜬다. 직접 만들 것인지(Draw your own background), 배경을 업로드(Upload a background)를 할 것인지 선택한다. 여기서는 배경 업로드를 선택해 보았다.

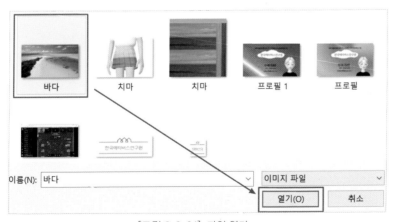

[그림 2-3-94] 파일 열기

컴퓨터에 저장되어 있는 배경 파일을 선택하고 열기를 클릭한다. 여기서는 이미지 파일만 가능하다.

[그림 2-3-95] 바다 배경으로 바뀜

위의 그림처럼 배경이 마룻바닥([그림 2-3-85] 참조)에서 바다로 바뀌었다.
만약 바꾼 후 마음에 들지 않는다면 'Ctrl + Z'를 누르면 이전 배경으로 바뀐다.

ⓑ Download Background

배경을 업로드뿐만 아니라 있는
배경을 다운로드도 가능하다.

메뉴를 선택하고 'Background &
Foreground'를 클릭한다. 'Download
Background'를 선택한다.

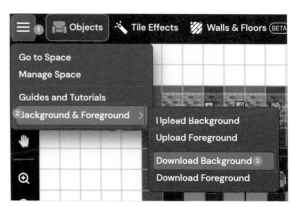

[그림 2-3-96] 배경 다운로드

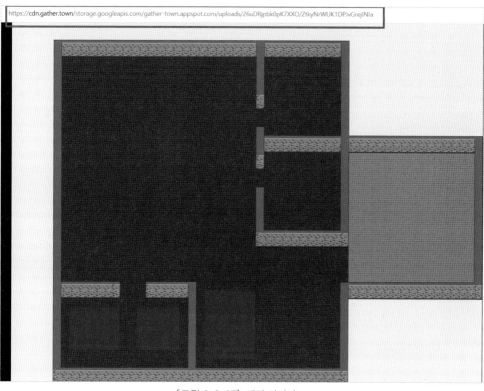

https://cdn.gather.town/storage.googleapis.com/gather-town.appspot.com/uploads/26uDRjpbk0pK7XXO/ZtkyNrWUK1DPJvGrejlNla

[그림 2-3-97] 배경 이미지

다운로드한 배경 이미지는 컴퓨터에 저장이 되지 않고 게더타운 스토리지에 저장된다. 그러므로 오른쪽 마우스를 클릭하여 이미지를 복사한 후 그림판에서 다시 저장하면 사용이 가능하다.

위의 배경 구조물을 갖고 새로운 방을 만드는 데 편리하게 이용할 수 있다.

(2) 맵 메이커 단축키

▸	선택 모드(V) - 특정 오브젝트 및 타일을 선택
🏷	스탬프 모드(B) - 오브젝트, 타일, 벽, 바닥을 배치
◆	지우개 모드(E) - 오브젝트, 타일, 벽, 바닥을 제거
✋	손 도구(H) - 마우스를 클릭하고 맵을 탐색
⊕	확대(Ctrl + 마우스 휠 Up) - 맵을 확대
⊖	축소(Ctrl + 마우스 휠 Down) - 맵을 축소
↩	취소(Ctrl + z) - 마지막 작업을 취소
↪	다시 실행(Ctrl + Shift + z) - 취소한 것을 다시 실행

[그림 2-3-98] 맵 메이커 단축키

맵 메이커에는 화면 좌측에 단축키가 있다. 그냥 마우스로 하나씩 선택해도 되지만 단축키를 이용하면 시간을 절약할 수 있다. 처음 시작할 때부터 단축키를 이용하는 습관을 들이면 좋다.

(3) 오브젝트(Objects) 설치

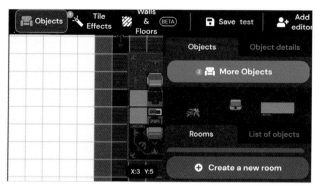

[그림 2-3-99] 오브젝트 설치

개설된 방에서도 오브젝트 추가가 가능하지만 맵 메이커에서는 좀 더 편리하게 이용 가능하다.

자세한 설명은 [그림 2-3-67]을 참고하면 된다.

(4) 타일 효과(Tile Effects)

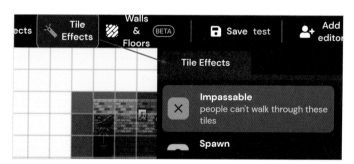

[그림 2-3-100] 타일 효과

타일 효과는 맵 메이커에서 제일 중요한 기능이라고 할 수 있다. 방을 만드는 데 필요한 조건들이 있는데 바로 타일 효과를 이용해서 제작하게 된다.

① Impassable 효과

[그림 2-3-101] Impassable 효과

'Impassable' 효과는 사람이 지나가지 말아야 할 위치를 지정해 줄 때 활용하면 좋다. 특히 책상이나 벽 같은 곳에 많이 이용한다.

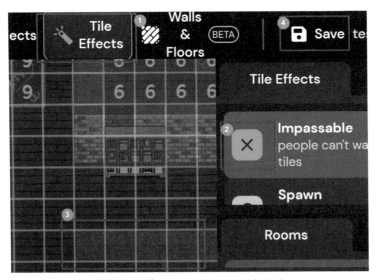

[그림 2-3-102] Impassable 효과 사용 순서

먼저 'Tile Effects'를 클릭한다. 타일 효과 중 'Impassable'을 선택한다. 마우스를 효과를 넣을 위치에 가서 클릭한다. 위의 그림처럼 다홍 색(저장하면 연한 핑크색으로 나타남)이 나타난다. 설치가 끝났다면 'Save'를 클릭한다.

설치된 위치에는 사람들이 지나갈 수가 없게 된다.

② Spawn 효과

[그림 2-3-103] Spawn 효과

Spawn 효과는 캐릭터가 처음 방에 입장할 때 등장하는 장소라고 보면 된다. 그러므로 Spawn을 여러 군데 이용하는 것은 좋지 않다. 대부분 게임들을 보더라도 처음 나타나는 곳을 한정적으로 만든 이유이다.

특히 여러 사람을 초대하는 컨퍼런스를 여는 경우 나타나는 위치를 많이 선정하는 경우 참여하지 못하는 참가자들이 발생하게 된다.

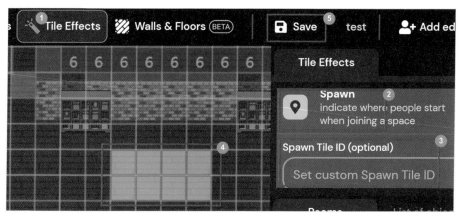

[그림 2-3-104] Spawn 사용 순서

먼저 'Tile Effects'를 클릭한다. 오른쪽 화면에서 'Spawn'을 클릭한다. 그럼 아래에 'Spawn Tile ID'를 넣는 창이 나타난다. 여기는 선택 사항이기에 넣지 않아도 무방하다. 이제 캐릭터가 나타날 곳을 지정하여 마우스를 클릭한다. 위의 그림처럼 'Spawn' 색은 초록색이다. 설치가 완료됐으면 'Save'를 클릭한다.

[그림 2-3-105] Spawn 위치에 등장한 지니

저장이 끝난 후 다시 방에 다시 들어가게 되면 'Spawn'이 설치된 장소에 캐릭터가
나타나는 것을 볼 수 있다.

③ Portal 효과

[그림 2-3-106] Portal 효과

'Portal' 효과는 사람들을 다른 위치나 킹소로 순간이동을 할 수 있다. 또한, 포털은
딘방향 전용으로 출발지와 목적지가 필요하다.

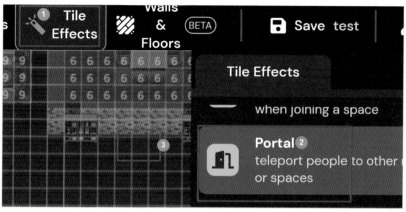

[그림 2-3-107] Portal 효과 사용 순서

'Tile Effects'를 클릭한다. 타일 효과 중 'Portal'을 선택한다. 출발지 위치를 선정하여 마우스를 클릭한다. 파란색의 타일이 나타난다.

ⓐ 포털 장소 도착지를 같은 방에 선택 시

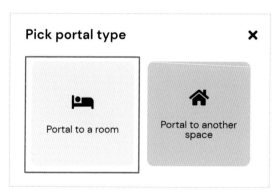

[그림 2-3-108] 포털 장소 도착지 같은 방 선택 시

포털을 지정해 주면 위의 그림처럼 도착지 위치를 정해 주어야 한다. 이때 방 안에 추가할 수도 있고 이 방이 아닌 다른 장소에도 추가할 수 있다.

같은 방에 도착지를 설정해 보겠다.

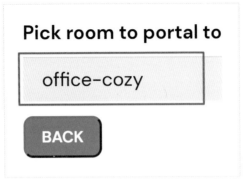

[그림 2-3-109] 포털 도착지 방 선택

여기서는 방이 하나만 있어 갈 수 있는 곳이 정해져 있다. 하지만 방이 여러 개인 곳은 도착지 지정 방을 선택할 수 있다.

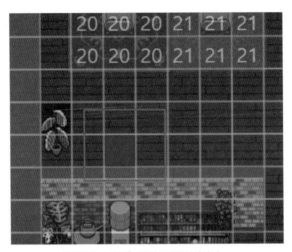

[그림 2-3-110] 포털 도착지 정하기

출발지는 지정이 되었으니 이번에는 도착지를 지정해 주면 된다.

도착지 지정할 위치에 마우스를 가져갈 때 위의 그림처럼 색이 보이지만, 클릭을 하면 보이지 않으니 위치 기억을 할 필요가 있다.

ⓑ 포털 장소 도착지를 다른 방 선택 시(맵 주소가 다른 경우)

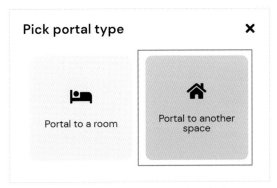

[그림 2-3-111] 다른 장소 도착지 선택 시

다른 장소를 포털 도착지로 선택 시 오른쪽 'Portal to another space'를 클릭한다.

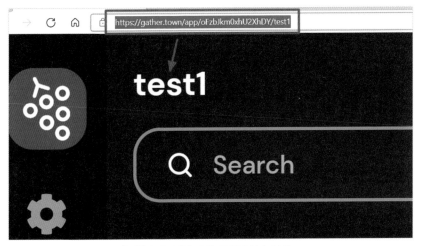

[그림 2-3-112] 포털 도착지 주소 복사

도착지를 만들 방의 주소를 복사한다. 여기서는 'test1' 방에 도착지를 만들어 보겠다.

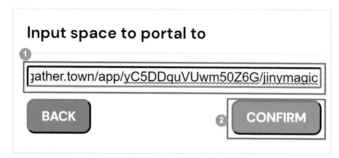

[그림 2-3-113] 포털 URL 추가하기

도착지 주소를 복사했으면 위의 그림처럼 주소 넣는 창에 붙여넣기를 한다. 'CONFIRM'을 선택한다. 그리고 'Save'를 클릭한다.

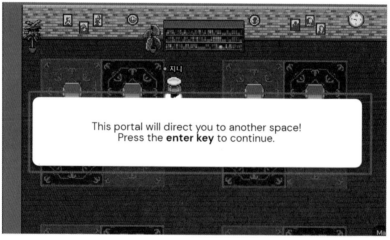

[그림 2-3-114] 다른 방으로 갈 때 엔터키 사용

같은 방에 포털을 설치하는 것과 다르다. 다른 링크 방으로 갈 때는 자동으로 순간 이동이 되지 않고 엔터키를 눌러야 갈 수 있다.

[그림 2-3-115] 다른 방에 들어간 모습

엔터키를 누르면 이렇게 다른 방에 온 지니를 볼 수 있다.

포털 효과 하나로 같은 방이나 다른 장소에도 순간이동이 가능하니 재미를 추가할 수도 있다.

④ Private Area 효과

[그림 2-3-116] Private Area 효과

'Private Area' 효과는 말 그대로 개인 공간이라고 보면 된다. 그 공간은 방음이 되어 있어 밖으로 소리가 들리지 않는다. 둘이 긴밀한 대화가 필요하거나 비대면 사무실에서 일할 때 각자 위치에 지정을 따로 해주면 좋다.

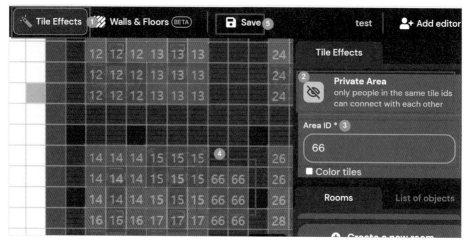

[그림 2-3-117] Private Area 효과 사용 순서

　'Tile Effects'를 클릭한다. 'Private Area'를 선택하면 'Area ID'를 입력한다. ID 입력을 하지 않으면 사용이 불가하다. ID는 맵에 사용하지 않은 숫자를 넣으면 된다. 개인 공간을 만들 장소에 마우스를 클릭한다. 위치 지정이 끝났으면 'Save'를 클릭한다.

⑤ Spotlight 효과

[그림 2-3-118] Spotlight 효과

　'Spotlight' 효과는 한 방에 있는 사람들에게 방송을 할 수 있다. 이 효과를 이용하면 다른 사람들은 자동으로 마이크가 꺼진다.
　회의하거나 온라인 학교를 운영 중이라면 꼭 하나의 스포트라이트 장소를 만들어 두면 좋다.

[그림 2-3-119] Spotlight 사용 순서

'Tile Effects'를 클릭한다. 타일 효과 중 'Spotlight'을 선택한다. 놓을 위치를 선정하고 마우스를 클릭한다. 'Save'를 선택한다.

(5) 벽과 바닥(Walls & Floors)

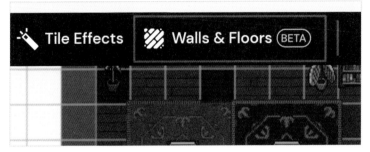

[그림 2-3-120] Walls & Floors 설치

게더타운에서는 방의 벽과 바닥도 설치할 수 있다. 아직 베타 버전이어서 종류가 많지는 않다. 또한, 이용 시 자동으로 바닥과 벽이 삭제되어 새로 설치해야 한다.

화면 상단 'Walls & Floors'를 클릭한다.

[그림 2-3-121] 베타 버전 경고문

'벽 & 바닥을 배치하면 현재 업로드된 배경 이미지가 제거된다'는 경고 팝업이 뜬다.
이때 'Continue'를 클릭한다.

① 벽 설치

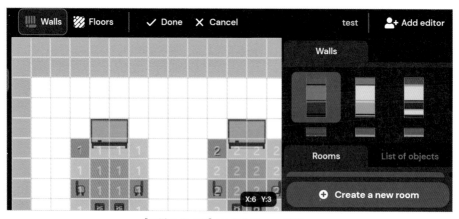

[그림 2-3-122] Wall & Floors 화면

위의 그림에서 보듯 벽과 바닥이 모두 사라진 것을 알 수 있다.

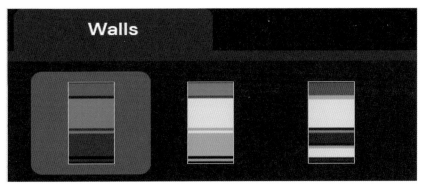

[그림 2-3-123] 벽 종류

벽의 종류는 6개 밖에 없다. 이 중에서 선택하여 벽을 새로 설치할 수 있다. 하지만 회전이 되지 않는 단점이 있다.

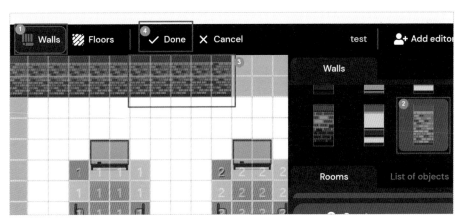

[그림 2-3-124] 벽 설치 순서

벽 설치 순서는 다음과 같다.

먼저 'Walls'를 클릭한다. 오른쪽 상단에 설치할 벽을 선택한다. 맵에서 설치할 위치를 정하고 마우스를 클릭한다. 이때 마우스를 드래그하면 한 번에 설치할 수 있다. 'Done'을 클릭한다.

② 바닥 설치

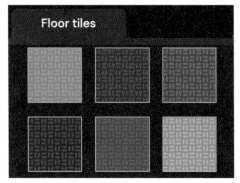

[그림 2-3-125] 바닥 타일

바닥 타일은 벽과 달리 31개의 종류가 있다.

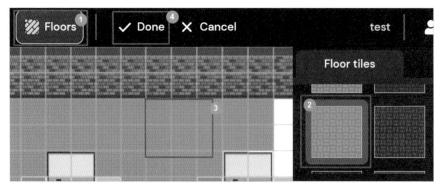

[그림 2-3-126] 바닥 타일 설치 순서

바닥 타일 설치 순서이다.

먼저 'Floors'를 클릭한다. 바닥에 설치할 타일을 선택하고 맵에 설치할 위치에 마우스를 클릭한다. 설치가 끝났다면 'Done'을 클릭하면 된다.

벽과 타일 설치가 완료 됐다면 저장(SAVE)해야 한다. 단, 타일 효과 중 스폰은 최소한 개는 들어 있어야 저장이 가능하다.

(6) 빌더 추가하기

게더타운은 여러 사람과 함께 방을 만들 수 있다.

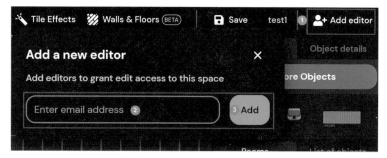

[그림 2-3-127] 빌더 추가하기

빌더를 추가하려면 무조건 게더타운 회원 가입 이메일이 있어야 한다.

오른쪽 상단에 'Add editor'를 클릭한다. 함께 편집할 빌더의 이메일을 넣고 'Add'를 선택한다.

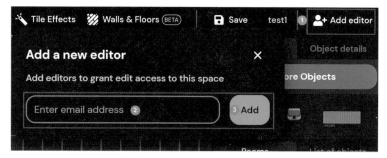

[그림 2-3-128] 빌더 초대 메일

위의 그림처럼 추가된 사람은 빌더 초대 메일을 받게 된다. 메일을 열고 'here'를 누르면 같은 방에 맵 메이커를 함께할 수 있다.

(7) 방 추가하기

맵 메이커에서는 방도 추가할 수 있다.

[그림 2-3-129] 방 추가

화면 오른쪽 하단에 'Rooms'를 선택한다. 'Create a new room'을 클릭하면 방 이름
을 지울 수 있는 창이 뜬다. 여기서는 휴게실을 만들어 보려 한다. 이름을 적었으면 엔
터를 친다.

[그림 2-3-130] 방 템플릿 선택

위의 세 가지 중 한 가지의 템플릿을 선택할 수 있다.

① Create a blank room(빈방)

'Create a blank room'은 빈 템플릿이 제공된다.

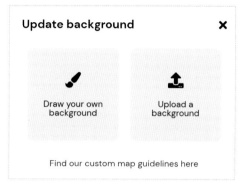

[그림 2-3-131] 배경 업데이트 선택

직접 모든 것을 만들거나 배경 이미지를 넣어서 이용할 수 있다.

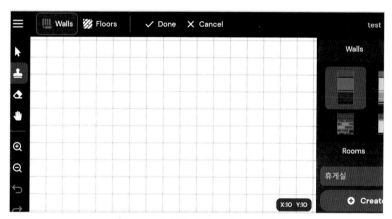

[그림 2-3-132] 직접 배경 그리기 선택 화면

배경 업데이트 선택 메뉴 중 'Draw your own background'를 이용하면 이렇게 백지 상태의 화면이 나타난다. 전체를 스스로 꾸밀 수 있다.

'Upload a background'는 [그림 2-3-90]에 자세히 설명되어 있으니 참고하면 된다.

② Choose from template

'Choose from template'을 선택하면 기본 템플릿이 제공된다.

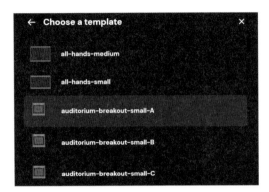

[그림 2-3-133] 기본 템플릿 제공

다양한 기본 템플릿 중 하나를 선택할 수 있다. 여기서 'auditorium-breakout-small-A'를
이용해 보겠다.

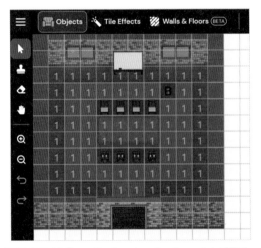

[그림 2-3-134] auditorium-breakout-small-A 템플릿

위의 그림처럼 새로 만들지 않아도 멋진 휴게실을 쉽게 만들 수 있다.

③ Choose from an existing space

'Choose from an existing space'를 이용하면 내가 만든 방을 그대로 갖다 쓸 수 있다. 직접 만든 방을 새로운 방에 넣고 싶을 때 이용하면 좋다.

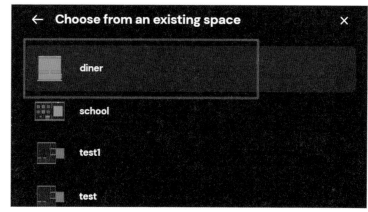

[그림 2-3-135] 내가 만든 방 중 하나 선택

위의 그림처럼 내가 만든 방이 모두 보인다. 이 중 하나를 선택하면 똑같은 방을 다시 만들 필요가 없다. 여기서는 'diner' 방을 선택해 보았다

[그림 2-3-136] 방 선택

개설한 방에 방의 개수에 따라 모든 방들이 나타난다. 'diner'에는 한 개의 방밖에 없어 하나만 뜬다. 'diner-small'을 클릭한다.

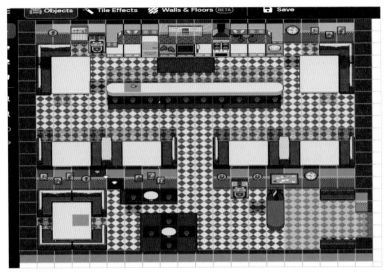

[그림 2-3-137] 디너 방 설치 모습

이렇게 자기가 만든 방을 그대로 갖다 놓을 수 있다. 자기 스타일대로 꾸민 방을 다시 제작할 필요가 없다.

(8) 방 삭제하기

만약 방을 만들어 보니 필요 없는 방이 있을 수 있다. 이럴 때는 그 방만 삭제하면 된다.

여기서는 휴게실을 삭제해 보겠다. 먼저 휴게실 오른쪽 점 세 개를 클릭한다. 그러면 옆의 그림과 같이 아래에 'Delete'가 나타나며 이것을 클릭하면 휴게실이 삭제된다.

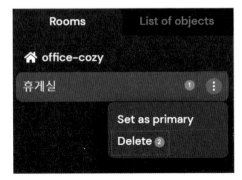

[그림 2-3-138] 방 삭제하기

8) | 맵 메이커로 상담실 만들어 보기

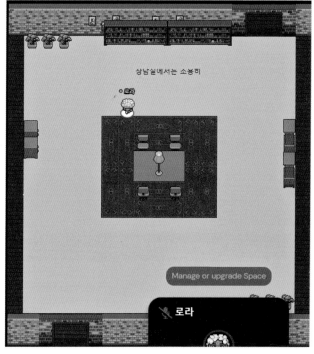

[그림 2-3-139] 상담실 완성본

맵 메이커에서 빈 곳에 상담실을 간단하게 만들어 보자.

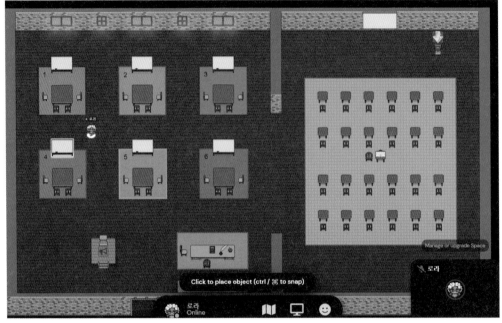

[그림 2-3-140] 원본 공간

맵 메이커를 사용하려면 먼저 개설된 방이 있어야 가능하다. 만약 처음부터 다시 만들거나 백그라운드 이미지를 사용할 경우 템플릿 중 'Blank'를 이용해도 된다. 여기서는 기본적으로 사용했던 classroom을 개설했다.

맵 메이커로 들어가려면 왼쪽 망치 모양을 클릭하고 'Build'를 선택한다. 하단에 'Edit in Mapmaker'를 클릭한다.

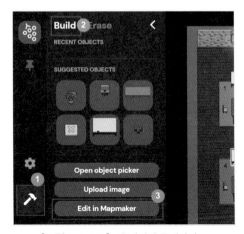

[그림 2-3-141] 맵 메이커 들어가기

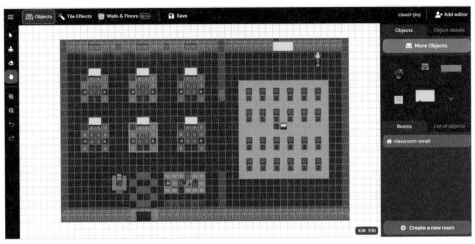

[그림 2-3-142] 맵 메이커 화면

classroom 맵 메이커 화면이 보인다.

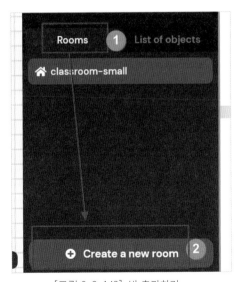

[그림 2-3-143] 방 추가하기

화면 오른쪽에 'Rooms'를 클릭하고 아래 'Create a new room'을 선택해 방을 추가한다.

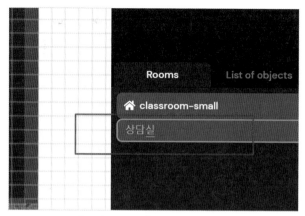

[그림 2-3-144] 상담실 만들기

'상담실'이라는 이름을 입력하고 엔터키를 친다. 그런데 습관처럼 왼쪽 마우스를 이용해 클릭 하는 경우가 많다. 이럴 경우 방이 추가 되지 않는다.

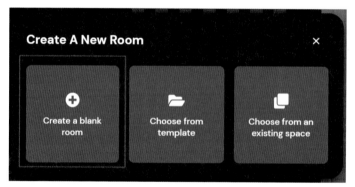

[그림 2-3-145] 빈방 선택

여기서는 빈방에 새로 상담실을 만들 것이기 때문에 'Creat a blank room'을 선택한다.

빈 곳을 이용하기 어렵다면 가운데 있는 게더타운에서 제공하는 템플릿을 이용하기 바란다. 다양한 템플릿 들이 있어 활용하기에 너무 좋다.

[그림 2-3-146] 직접 배경 그리기

빈 곳에서는 배경을 직접 그리거나 이미지를 업로드할 수 있다. 이 중 직접 그리도록 하겠다.

[그림 2-3-147] 벽과 바닥 만들 수 있는 화면

[그림 2-3-137]의 맵 메이커 화면과는 다르게 벽과 바닥을 설치할 수 있는 화면이 뜬다.

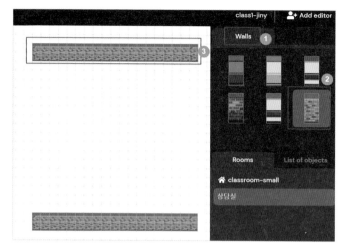

[그림 2-3-148] 벽 설치

'Walls'를 선택하고 벽의 종류 중 하나를 선택한다. 벽은 회전이 되지 않기 때문에 위, 아래만 설치한다.

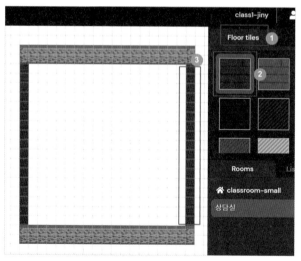

[그림 2-3-149] 사이드 벽은 바닥으로 표현

사이드 벽은 바닥을 이용해 표현한다. 기본 템플릿을 보더라도 사이드 벽은 모두 바닥으로 설치된 것을 알 수 있다.

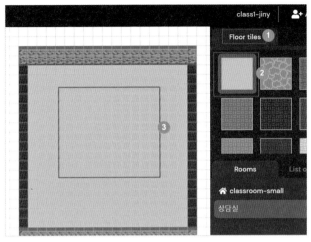

[그림 2-3-150] 바닥 설치

벽 설치가 끝났으면 'Floor tiles'에서 바닥을 선택한다. 맵에 바닥 타일을 설치한다. 마우스를 하나씩 클릭해서 넣어도 되지만 시간이 오래 걸리는 단점이 있다. 마우스를 드래그를 이용하면 손쉽게 바닥 설치가 가능하다.

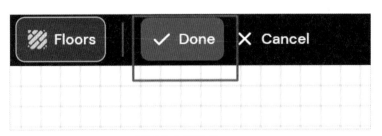

[그림 2-3-151] Done

벽과 바닥 설치가 끝났으면 'Done'을 클릭한다.

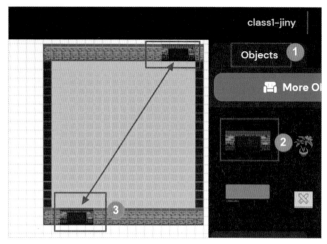

[그림 2-3-152] 출입구 설치

방이 2개 이상일 때는 출입구를 2개 설치해야 좋다. 한 곳은 입구 전용, 한 곳은 출구 전용으로 사용한다. 오브젝트(Objects)에서 'Doorway'라고 검색하면 찾을 수 있다. 'Objects'에서 'More Objects'에 들어가 검색하면 된다. 자세한 내용은 7장 맵 메이커 활용 중 [그림 2-3-99] 오브젝트 설치를 참고하면 된다.

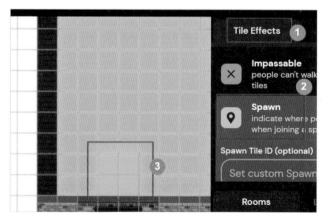

[그림 2-3-153] 입구에 스폰(Spawn) 설치

새로운 방을 추가하면 무조건 스폰을 설치해야 저장이 된다. 템플릿 이용할 때는 기본적으로 스폰이 설치되어 있지만 빈 곳에서는 설치가 필요하다. 먼저 'Tile Effects'를 선택하고 'Spawn(스폰)'을 클릭한다. 캐릭터가 나타날 공간에 왼쪽 마우스를 클릭하면 설치가 된다.

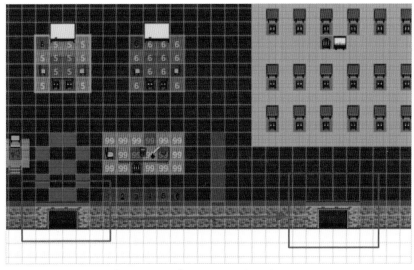

[그림 2-3-154] classroom 출구 만들기

방이 하나가 추가될 경우 두 장소를 편리하게 이동하기 위해 클래스 룸에 출구를 하나 만들어 줬다. 왼쪽 출입구를 복사(Ctrl+C)하고 해당 위치에 붙여넣기(Ctrl+V)를 하면 된다.

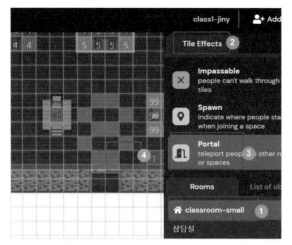

[그림 2-3-155] 포털(Portal) 설치

두 개의 방을 왔다 갔다 하려면 포털을 이용해야 한다. 먼저 'classroom'을 선택한다. 타일 효과(Tile Effects)에서 'Portal'을 선택한다. 다른 방으로 나갈 위치에 포털을 설치한다.

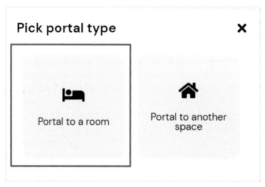

[그림 2-3-156] 포털 타입 선택

포털 타입을 선택한다. 같은 방에 있는 장소에 이용할 것이기 때문에 'Portal to a room'을 클릭한다.

[그림 2-3-157] 상담실

두 개의 방 중 '상담실'을 선택한다.

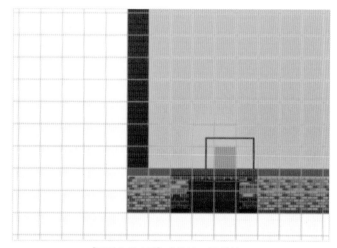

[그림 2-3-158] 상담실 포털 설치

상담실에서 도착할 위치에 포털을 설치한다. 도착 위치에 포털 설치 시 색이 보이지 않음으로 출입구를 미리 만들어 두면 편리하다.

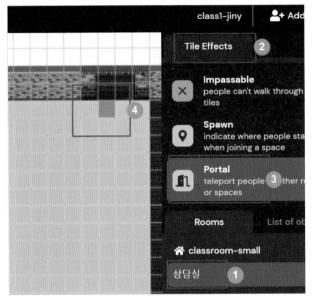

[그림 2-3-159] 반대로 포털 설치

포털은 단방향이라 양방향을 사용하기 위해 이전과 반대로 또 한 번의 설치가 필요하다. 이번에는 상담실 방의 포털을 먼저 설치한다.

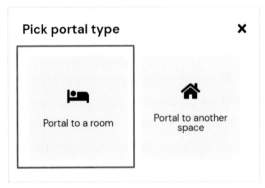

[그림 2-3-160] 포털 타입 선택

이번에도 [그림 2-3-156]과 같이 'Portal to a room'을 선택한다.

[그림 2-3-161] 클래스룸 선택

클래스룸(classroom)을 선택한다.

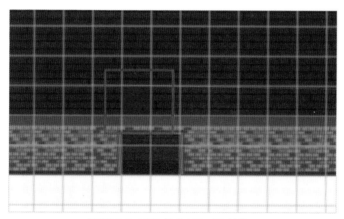

[그림 2-3-162] 클래스룸 포털 설치

클래스룸에서 도착할 위치에 포털을 설치한다. 이렇게 두 곳을 모두 설치해 줘야 자유롭게 드나들 수 있다.

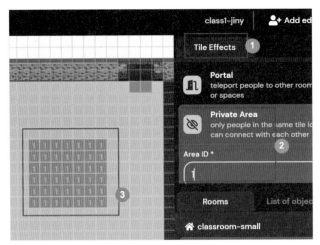

[그림 2-3-163] 개인공간(Private Area) 만들기

상담실이기 때문에 둘만의 대화가 가능해야 한다. 이럴 때 사용하는 것이 바로 개인 공간 효과를 이용하는 것이다. 'Tile Effects'를 클릭하고 'Private Area'를 선택한다. 이 때 지역 아이디(Area ID)를 지정해 주어야 한다. 지정을 끝나면 맵에 설치를 한다. 번호 가 지정되어 있어 맵 위에 숫자도 함께 나타난다.

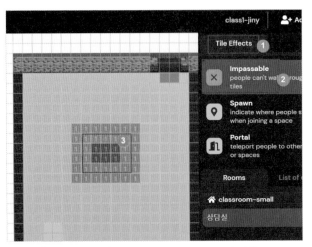

[그림 2-3-164] 임파서블(Impassable) 효과 설치

개인 공간 가운데는 테이블을 설치하고자 한다. 테이블에는 사람들이 지나갈 수 없게 임파서블 효과를 사용한다. 'Tiles Effects'에서 'Impassable'을 선택하고 맵에서 마우스를 드래그한다.

[그림 2-3-164]처럼 색이 바뀐 것을 볼 수 있다.

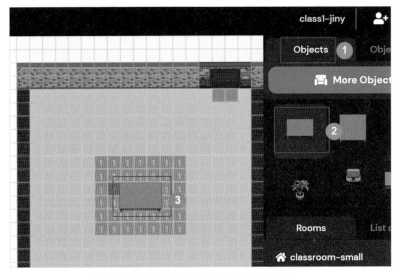

[그림 2-3-165] 임파서블 효과 위 데스크 설치

임파서블 효과를 준 위치에 테이블을 설치해 보았다. 이뿐 아니라 다른 본인의 스타일에 맞게 여러 가지 오브젝트를 설치해 보자.

[그림 2-3-166] 텍스트 입력

상담실이니 바닥에 텍스를 입력해 보았다. 'Objects' - 'More Objects'를 클릭한다.
위의 화면 왼쪽 하단에 'Insert Text'를 선택하고 글자를 적는다. 폰트 크기를 설정이 끝
나면 'Create and select'을 선택한다.

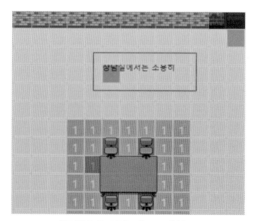

[그림 2-3-167] 텍스트 설치

상담실에 해당 위치에 마우스를 클릭해 텍스트를 설치한다. '상담실에서는 조용히'라는 글이 보인다.

텍스트뿐만 아니라 오브젝트를 열어 필요한 가구 및 물건들을 배치한다.

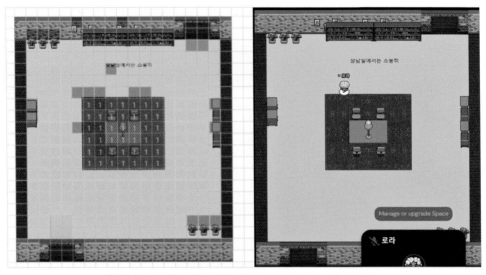

[그림 2-3-168] 상담실 완성 모습(좌 : 맵 메이커, 우: 게더타운)

간단하게 필요한 오브젝트를 배치한 후 완성된 모습이다. 왼쪽은 맵 메이커에서 보이는 화면이고, 오른쪽은 게더타운 방에서 보이는 모습이다.

기본으로 제공되는 템플릿을 이용하면 편리하고 좋지만 이렇게 빈방을 이용해 자신만의 스타일로 간단한 맵을 만들어 보자.

9) │ 이럴 땐 이렇게

(1) 해당 위치로 빨리 가고 싶을 때

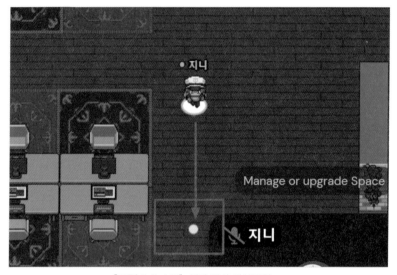

[그림 2-3-169] 해당 위치 더블클릭

지금까지 방향키나 영문키를 이용하여 이동하는 방법에 대해 배웠다. 하지만 넓은 공간을 다니기에 방향키가 귀찮을 수 있다. 이럴 때는 해당 위치에 마우스를 더블클릭하면 위의 그림처럼 흰색 점이 생기면서 자동으로 움직이게 된다.

(2) 사람 앞을 지나갈 때(고스트 모드)

[그림 2-3-170] 사람 앞을 지나가지 못함

위의 그림처럼 지니가 로라를 지나갈 수 없다. 가려면 돌아서 가야 하는데 고스트 모드를 이용하면 가능하다.

[그림 2-3-171] 고스트 모드

고스트 모드는 순간 유령으로 변신하는데 단축키 'G'를 누른 상태에서 해당 방향키 (→ 오른쪽을 가는 경우)를 누르면 지나갈 수 있다. 이 모드는 사람들이 많은 장소에서 사용하기 좋다.

(3) 캐릭터 춤추기

[그림 2-3-172] 캐릭터 춤추기

게더타운에서도 단축키 영문 'Z'를 누르면 머리 위에 하트가 나오면서 귀여운 춤을 춘다. 출 수 있는 춤이 한 가지라는 점은 아쉽다.

(4) PPT 슬라이드 쇼 적용이 안 될 때

게더타운에서는 PPT 파일을 화면 공유할 때 슬라이드 쇼 적용이 되지 않는 경우가 생긴다. 특히 발표자 화면에서는 넘어가는 것이 보이지만 참여자 화면에서는 첫 장에서 멈춰 있는 경우가 있다.

이럴 때는 당황하지 말고 슬라이드 쇼 옆에 있는 읽기용 보기 기능을 이용하면 된다. 미리 제대로 PPT 자료가 넘어가는지 확인하는 습관이 필요하다.

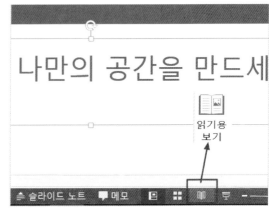

[그림 2-3-173] 읽기용 보기 활용

(5) 내 방에서 다른 사람들이 꾸미기(Build)를 못 하게 하고 싶다면

방문자들도 모두 방에서 꾸미기를 할 수 있다. 그렇다 보니 내가 만들어 놓은 방을 어지럽게 세팅되는 경우도 종종 생긴다. 이 설정은 호스트만 가능하다.

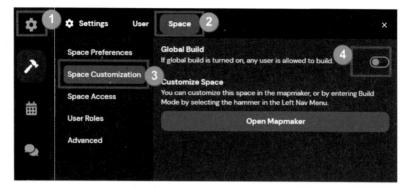

[그림 2-3-174] 빌드 비활성화

화면 왼쪽의 바퀴 모양 설정(Setting) 모양을 클릭한다. 'Space'를 선택하고 'Space Customization'를 클릭한다. 마지막으로 'Global Build'를 비활성화시킨다.

(6) 다른 사람에게 권한 부여 방법

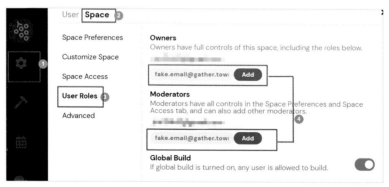

[그림 2-3-175] 권한 부여

게더타운에서도 줌처럼 권한을 부여할 수 있다.

설정 모양을 클릭한다. 'Space'를 선택하고 'User Roles'를 클릭한다. 'Owners' 권한을 줄 것인지 'Moderators' 권한을 줄 것인지에 따라 해당자 이메일을 작성하고 'Add'를 클릭하면 된다. 단 이메일은 게더타운 회원 가입이 되어 있어야 한다.

'Owners'는 방 전체에 대한 모든 권한을 갖고 있고(맵 메이커 권한은 없음), 'Moderators'는 환경 설정(Space Prefrences) 및 방 입장(Space Access)에 대한 컨트롤이 가능하다.

(7) 개설한 방 삭제하고 싶을 때

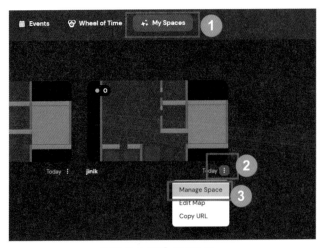

[그림 2-3-176] 개설된 방

방을 만들다 보면 나도 모르게 필요 없는 방들이 생기게 된다.

게더타운 첫 화면에서 'My Spaces'를 클릭한다. 내가 만든 맵들이 아래 나타나는데 날짜 옆 점세개 아이콘을 클릭한다. 'Manage Space'를 선택한다.

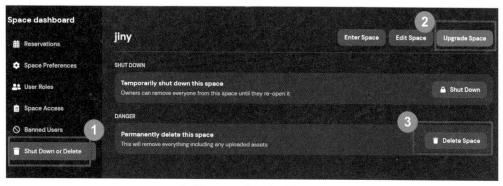

[그림 2-3-177] 공간 대시보드

공간 대시보드(Space dashboard)로 들어간다. 화면 오른쪽 상단에 'Upgrade Space'를 클릭하고 'Shut Down or Delete'를 선택한다. 'Delete Space'를 클릭한다.

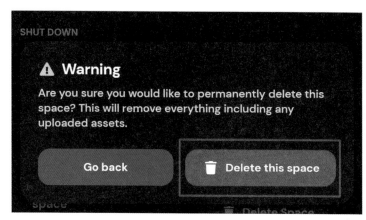

[그림 2-3-178] 경고창

삭제 시 모든 항목이 제거된다는 경고 창이 뜬다. 'Delete this space'를 클릭한다.

또 삭제할 방이 있으면 선택하라는 화면이 뜬다. 여기서 방을 선택하면 다시 공간 대시보드(Space Dashboard)로 이동하여 삭제할 수 있다.

단 로그인하고 개설한 방만 삭제가 가능하다.

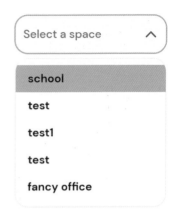

[그림 2-3-179] 삭제할 방 선택

(8) 방을 삭제하지 않고 잠시 문 잠그기

필요 없는 방은 삭제하면 되지만, 사용했던 방은 링크 주소와 비밀번호를 안다면 누구든지 드나들 수 있다. 이럴 때 방을 삭제하지 않고 잠시 문을 잠그면 좋다.

[그림 2-3-180] Shut Down 이용하기

공간 내에서 설정(바퀴모양)을 클릭한다. 'Space'를 선택하고 'Space Access'를 클릭한다. 오른쪽 화면에 'Shut Down Space'를 선택하면 자동으로 공간이 잠긴다.

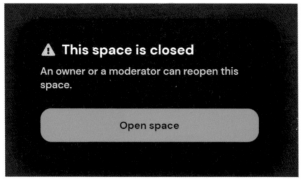

[그림 2-3-181] 방 잠김 안내문

방이 잠겨 있을 때 방에 입장할 경우, 방이 잠겨 있다(The space is close)는 안내문이 뜬다.
방의 관리자라면 'Open space'를 클릭하면 다시 방이 열린다.

(9) 카메라 & 마이크가 켜지지 않는 경우

맨 위 URL에서 카메라 모양이나 마이크
모양을 볼 수 있다. 이 모양을 클릭하면 차단
되어 있는지 확인이 필요하다. 차단되었다면
'액세스하도록 계속 허용'을 선택하고 완료
를 클릭한다.

[그림 2-3-182] 카메라와 마이크 엑세스 허용

(10) 급한 일이 생길 때 – Quiet Mode 이용하기

게더타운을 이용하다 보면 급하게 전화를 받거나 고객이 찾아오는 경우가 생긴다. 이럴 때 사용할 수 있는 기능이 조용한 모드 (Quiet Mode)다.

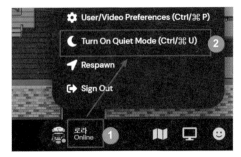

화면 하단에 내 이름을 클릭한다. 그중 'Turn On Quiet Mode'를 선택한다. 단축키 Ctrl+U를 눌러도 된다.

[그림 2-3-183] Quiet Mode

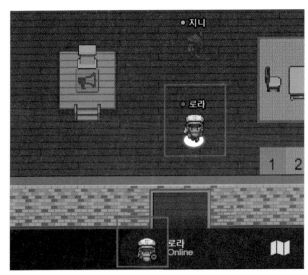

[그림 2-3-184] 빨간색으로 표시됨

조용한 모드를 이용하게 되면 내 캐릭터 상태 표시 화면이 모두 녹색에서 빨간색으로 변경된 것을 알 수 있다. 하지만 너무 상대방과 가까이 있거나 개인 공간에 들어가 있는 경우는 조용한 모드가 활성화되지 않는다.

(11) 줌(ZOOM)과 연결해서 사용하고 싶을 때 - 외부 전화(External Call)

강의를 하다 보면 게더타운과 줌을 함께 이용하는 경우가 있다. 그럴 때마다 줌 링크와 게더타운 링크를 따로 주는 경우가 많은데 게더타운 오브젝트를 이용해 서로 호환할 수 있다.

바로 외부 전화(External Call) 기능을 이용하면 된다. 이 기능은 줌뿐 아니라 Google Meets에서도 작동된다.

먼저 외부 전화 링크를 이용할 오브젝트를 설치해야 한다. 왼쪽 망치 모양을 클릭하고 'Build'를 선택한다. 하단에 'Opne object picker'를 클릭한다.

[그림 2-3-185] 오브젝트 설치

오브젝트 중 줌을 연결시킬 오브젝트를 선택한다. 여기서는 오브젝트 - Presentation - Backdrop을 사용해 보았다.

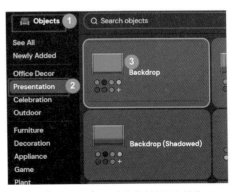

[그림 2-3-186] 프리젠테이션 도구 설치

오른쪽 화면에 대화형 오브젝트(Object Interactions)에서 'External call'을 선택한다. 하단에 줌 링크를 붙여넣기 하고 반경을 지정하고 'Select'를 클릭한다.

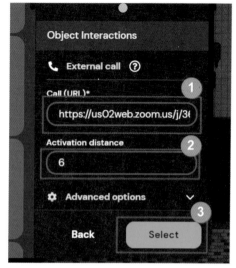

[그림 2-3-187] 외부 전화 선택

[그림 2-3-188] 오브젝트 설치 완료 및 입장하기

오브젝트를 적당한 위치에 설치하고 'X'를 누른다. 반경을 크게 주면 그림처럼 멀리 떨어져도 해당 오브젝트 입장이 쉬워진다. 만약 여러 가지 오브젝트가 설치되어 있는 경우 반경을 크게 주는 것보다 참여 인원이 몇 명이냐에 따라 오브젝트를 추가하는 게 좋다.

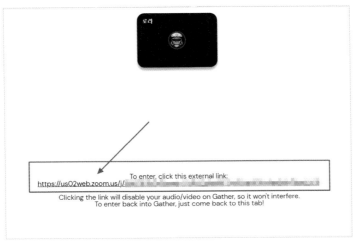

[그림 2-3-189] 줌 링크 화면

입장하면 줌으로 들어갈 수 있는 링크가 나타난다. 해당 링크를 클릭한다.

[그림 2-3-190] 줌 열기

위의 그림처럼 줌 열기 사이트로 들어간다. 'Zoom Meeting 열기'를 클릭하면 줌으로 들어간다.

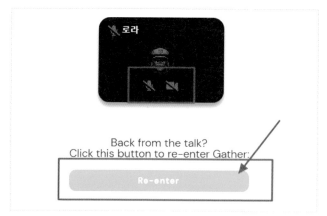

[그림 2-3-191] 줌 사용 시 게더타운 화면

외부 전화 링크를 이용하면 줌 사용 시 게더타운에서는 자동으로 마이크와 비디오가 꺼진다. 두 가지를 동시에 사용 시 제일 큰 단점이었던 하울링을 미리 차단해 준다.

줌 회의가 끝나고 다시 게더타운으로 들어올 때는 하단에 'Re-enter'를 클릭하면 된다.

(12) 처음 장소로 나타나기 – 소환 기능(Respawn)

[그림 2-3-192] 방에서 길을 잃어 버렸을 때

게더타운 공간이 큰 경우 여기저기 돌아다니다 길을 잃어 버리는 경우가 생긴다. 처음 장소로 나타나기 위해서는 'Respawn(소환 기능)'을 이용하면 된다. 가끔씩 화면 밖으로 캐릭터가 끼어 있어 움직이지 못하는 경우가 생기는데 이 기능을 사용하면 편리하다.

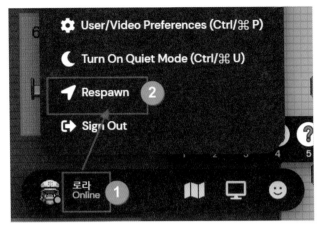

[그림 2-3-193] Respawn 기능

화면 하단 캐릭터 이름을 클릭한다. 위의 'Respawn'을 선택한다.

[그림 2-3-194] 처음 위치로 이동

다른 곳에 있던 캐릭터가 처음 나타났던 위치로 이동하게 된다.

(13) 사용자 차단 방법 3가지

강의를 하거나 회의를 할 때 제대로 참여하지 않고 분위기를 흐리는 사용자가 생기기도 한다. 그럴 때는 오디오와 비디오를 끄는 경우도 있지만 이외 다양한 방법으로 차단이 가능하다.

① Block

사용자 차단 방법 첫 번째는 'Block' 기능을 이용하는 것이다.

차단할 상대방 화면 창에 점 세개의 아이콘을 선택한다. 아래에 'Block'을 클릭한다.

[그림 2-3-195] 상대방 화면 창에서 블록 설정

[그림 2-3-196] 관리자 화면

위의 그림처럼 관리자 화면에서는 상대방의 창이 'Unblock' 화면이 나타난다. 만약 다시 차단을 해제하고 싶다면 'Unblock'을 클릭하면 된다.

관리자가 블록을 설정하더라도 블록 당한 사용자 화면에는 오디오와 비디오가 모두 켜져 있는 상태로 보인다. 한마디로 관리자가 차단을 했는지 알 수 없다.

[그림 2-3-197] 블록 설정 후 상대방 상태

② Kick from space

사용자 차단 방법 두 번째는 'Kick from space' 기능을 이용하는 것이다. 한마디로 방 내보내기 기능이라고 볼 수 있다.

[그림 2-3-198] kick from space

이 기능을 이용하기 위해서는 참가자 명단에 차단할 이름을 클릭한다. 캐릭터 화면에서 오른쪽 맨 위 점 세 개 아이콘을 선택한다. 세 가지 중 'Kick from space'를 클릭한다.

해당 사람을 차단하기를 원하는지 한 번
더 묻는 창이 뜬다. 이때 'Kick User'를 클릭
한다.

[그림 2-3-199] Kick User 선택

차단된 사용자는 자동으로 입장하기 화면
이 나타나게 된다. 'Kick from space' 기능은
다시 입장이 가능하다.

[그림 2-3-200] 입장하기 화면이 나타남

③ Ban from space

사용자 차단 방법 세 번째는 'Ban from space' 기능을 이용하는 것이다. 이 기능을
이용하면 다시 입장이 불가하다.

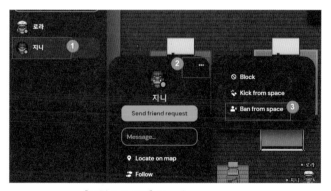

[그림 2-3-201] Ban from space

이 기능을 이용하기 위해서는 참가자 명단에 차단할 이름을 클릭한다. 캐릭터 화면에서 오른쪽 맨 위 점 세 개 아이콘을 선택한다. 세 가지 중 'Ban from space'를 클릭한다.

[그림 2-3-202] Ban User 선택

해당 사람을 차단하기를 원하는지 한 번 더 묻는 창이 뜬다. 이때 'Ban User'를 클릭한다. 이 기능을 이용하면 사용하는 IP 주소가 차단되어 입장이 불가하다.

[그림 2-3-203] 입장하기 화면이 나타남

'Kick from space 기능'과 똑같이 차단이 다시 입장하기 화면으로 나타난다.

[그림 2-3-204] 인터넷 연결 안 됨

하지만 입장이 되더라도 위의 그림처럼 검정 화면만 나타난다. 또한, 이 방과 연결되지 않는다는 내용이 뜬다.

[그림 2-3-205] 내시보드 들어가기

차단한 사람을 다시 들어오게 하려면 대시보드에서 설정이 필요하다.

화면 왼쪽 상단 포도 모양 아이콘을 클릭한다. 'Upgrade Space'를 선택한다.

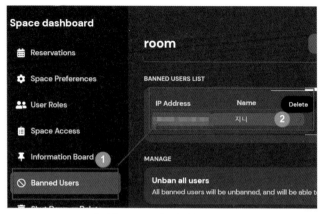

[그림 2-3-206] 아이피 삭제

대시보드 창에서 'Banned Users'를 클릭한다. 오른쪽 화면에 차단된 사람의 IP 주소가 나타난다. 차단을 해제하려면 해당 참여자 IP를 선택하고 휴지통 모양을 클릭하여 삭제하면 된다.

(14) 로그아웃 하기

방에서 퇴장하기 위해서는 로그아웃을 해야 한다. 웹브라우저를 닫아도 방에서 나올 수 있다. 하지만 다른 방으로 로그인을 하기 위해서는 로그아웃이 필요하다.

화면 아래 캐릭터 이름을 선택한다. 'Sign Out'을 클릭하면 로그아웃이 된다.

[그림 2-3-207] 로그아웃

(15) 알아 두면 유용한 사항

- 게더를 이용할 수 있는 나이: 최소 13세 이상이 되어야 한다. (국제 개인정보 보호법과 표준 준수)
- 녹화 기능: 현재 게더타운 이용 시 녹화 기능이 따로 없다.
- 1시간 이용 시 가격: 최소 강의는 2시간으로 1시간을 이용하더라도 2시간 비용이 나간다.
- 공간 이름 수정: 공간의 이름은 수정이 불가하다. 단 이전 공간을 복사하여 새로운 공간을 생성하여 사용할 수 있다.
- 공간 최대 수용 인원: 500명으로 제한된다. 초과될 경우 복수의 공간을 설계하여 연결시켜 사용할 수 있다.
- 가상 배경 지원: 현재 게더타운 자체에는 가상 배경을 지원하지 않는다.

[게더타운 회원 가입 및 캐릭터 설정 동영상] [게더타운 맵메이커로 상담실 만들기 동영상]

3

메타버스 플랫폼 활용 제안

메타버스 플랫폼(이프랜드, 제페토, 게더타운) 활용 가이드

첫 장에서 말했듯이 소비자이면서 생산자가 될 수 있는 곳에 사람들이 몰리고 있는데 그곳이 바로 메타버스 플랫폼이다. 지금까지 배웠던 제페토, 게더타운도 아이템이나 맵을 제작해 판매하고 있다. 이프랜드도 이에 발맞춰 오픈 플랫폼을 통해 제작한 아이템을 자유롭게 거래할 수 있는 '마켓 시스템'을 구축한다고 밝혔다.

그만큼 플랫폼들은 가상세계에서 현실 세계처럼 경제 활동이 가능해지고 있다.

그럼 이런 플랫폼을 어떻게 활용하면 좋을까?

1) 이프랜드 활용 제안

이프랜드는 '소통의 장'이라고 할 만큼 다양한 연령대가 이용하고 있다. 또한, 방을 실시간으로 만들어 다른 사람들을 초대할 수 있다.

(1) 개인 홍보

  기업들은 플랫폼에 고유의 맵을 만들어 사람들을 초대한다. 하지만 혼자라면 돈을 지급하고 사람들을 초대하는 게 쉽지 않다. 하지만 비용을 들이지 않더라도 이프랜드 에서는 개인 홍보가 가능하다.

[그림 3-1] 개인 홍보

  위의 그림처럼 스피치 고민 상담 및 노하우를 제공할 방을 만들면 된다. 그 방을 공 개해 놓으면 관심 있는 사람은 자유롭게 입장할 수 있다. 그러면 개설된 방의 참여자들 에게 나를 홍보할 수 있는 기회가 많아진다.

  제페토, 게더타운, 이프랜드는 모두 메타버스 플랫폼이지만, 그들만의 특징들을 갖 고 있다. 그렇다 보니 플랫폼에 따라 선호하는 대상도 달라진다. 위의 활용뿐만 아니라 해당 플랫폼에 어떤 수요자들이 있는지 파악하는 것도 중요하다.

2) 제페토 활용 제안

제페토는 위 세 가지 플랫폼 중 누구나 쉽게 만들어 판매할 수 있는 프리마켓이 형성되어 있다.

(1) 아이템 제작하여 판매하기

제페토는 모바일에서만 사용이 가능하지만 '제페토 스튜디오'를 통해 아바타의 의상 및 액세서리를 제작해 팔 수 있다. 또한, 비용이 전혀 들지 않아 초기 자본이 없는 사람도 도전하기에 좋다.

제페토의 고객은 전 세계적으로 2억 명이 되며 [그림 3-2]처럼 간단하게 모바일을 이용해 아이템을 제작해서 심사만 통과하면 누구나 판매가 가능하다. 아래 그림은 필자가 판매한 아이템이다.

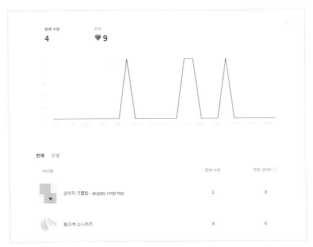

[그림 3-2] 판매 아이템

(2) 제페토 건축가

제페토에서는 아이템뿐만 아니라 '빌드잇(Build it)'을 이용해 '월드 맵'을 만들 수 있다. 빌드잇은 월드 맵을 만들 수 있는 제페토에서 제공하는 무료 프로그램이다. 많은 기업이 제페토를 이용하는 만큼 그 기업만의 고유 맵을 갖기를 원하고 있다. 그만큼 고객의 니즈를 제대로 파악할 수만 있다면 온라인 맵 시장은 블루오션이 될 것이다.

[그림 3-3] 빌드잇을 이용해 만든 맵

3) 게더타운 활용 제안

게더타운은 화상 대화가 가능하다는 점이 큰 장점이라고 볼 수 있다. 대면 활동이 필요한 경우 아직까지는 게더타운만 한 플랫폼이 없다. 또한, 조용히 이야기할 수 있는 장소도 따로 만들 수 있다.

(1) 게더타운 건축가

게더타운에서 건설업계 최초로 '채용 설명회'를 개최했다. 기업들은 제페토 월드처럼 자기만의 고유 맵을 갖기를 원한다. 2D를 이용하는 플랫폼이지만 [그림 3-4]처럼 3D를 접목시켜 맵을 만들 수도 있다.

[그림 3-4] 롯데건설 채용 설명회 (출처: 롯데건설)

제페토에 비해 맵 공간을 다양하게 사용할 수 있는 장점을 갖고 있고 한 장소에 많은 인원을 수용할 수 있다. 롯데건설처럼 채용 설명회를 하거나 직방처럼 출근을 하지 않고 모든 업무를 게더타운을 이용해 사용하는 경우도 많아지고 있다. 따라서 게더타운의 맵을 요청하는 수요자가 다양할 수밖에 없다.

(2) 비대면 상담

게더타운은 개인 공간을 따로 만들 수 있다. 개인 공간을 이용하면 그 장소에 있는 사람들끼리만 대화가 가능하다. KB국민은행이 플랫폼 중 게더타운을 이용하는 것도 이런 요소 때문이다.

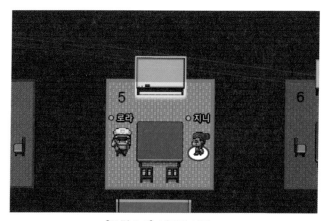

[그림 3-5] 비대면 상담

또한, 초청받은 자는 회원 가입을 하지 않아도 방문이 가능하기 때문에 접근성이 좋다. 비디오를 켜지 않더라도 대화가 가능하기 때문에 전화 상담만 이용하기에도 좋다.

(3) 공간 대여

게더타운은 다양한 오브젝트를 이용할 수 있다. 완성된 맵은 심사를 거칠 필요 없이 만든 즉시 사용이 가능하다. 게임의 종류도 많고 맵 메이커의 효과를 이용하면 방 탈출 게임도 만들 수 있다.

코로나로 인해 랜선 모임을 하는 사람들도 늘었다. 하지만 서로 상대방을 보고 대화를 하는 데는 한계가 있다. 이럴 때 여러 가지 게임 요소를 넣어 공간 대여를 한다면 고객들에게 색다른 경험을 제공할 수 있을 것이다.

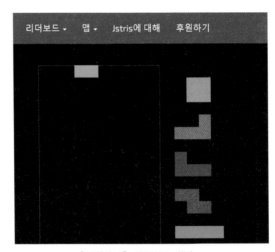

[그림 3-6] 테트리스 게임

| 과학기술정보통신부 인가 사단법인 4차산업혁명연구원 산하 한국메타버스연구원 |

한국메타버스연구원
다가온 미래 메타버스 연구 및 교육

한국메타버스연구원

한국메타버스연구원은 인공지능, AR·VR 등 디지털 기술을 활용하여 창조한 가상세계에서의 활동을 연구하는 곳입니다.

  Gather 미국 게더타운 공식파트너

한국메타버스연구원

메타버스 강사 양성과정 문의

홈페이지 : https://metabus.modoo.at/
e-mail : mdkorea@naver.com

플랫폼 관련 출처

이프랜드(이프랜드 앱)

제페토(제페토 빌드잇, 제페토 스튜디오, 제페토 앱, 이비스페인트),

게더타운(게더타운 홈페이지),

개정판

눈 떠보니
메타버스 마스터

메타버스 플랫폼(이프랜드, 제페토, 게더타운) 활용 가이드

2021년 10월 25일	1판	1쇄	발 행	
2021년 12월 10일	2판	1쇄	발 행	
2022년 4월 30일	2판	2쇄	발 행	

지은이 : 최 재 용 · 진 성 민

펴낸이 : 박 정 태

펴낸곳 : **광 문 각**

10881
파주시 파주출판문화도시 광인사길 161
광문각 B/D 4층
등 록 : 1991. 5. 31 제12 - 484호
전 화(代): 031-955-8787
팩 스 : 031-955-3730
E - mail : kwangmk7@hanmail.net
홈페이지 : www.kwangmoonkag.co.kr

ISBN : 978-89-7093-620-8 93000

값 : 20,000원

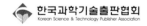

한국과학기술출판협회
Korean Science & Technology Publisher Association

저자와 협의하여 인지를 생략합니다.